JN028951

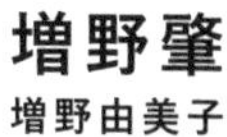

増野肇
増野由美子

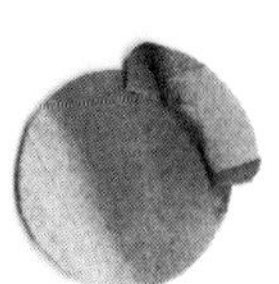

サイコドラマをはじめよう

人生を豊かにする
増野式サイコドラマ

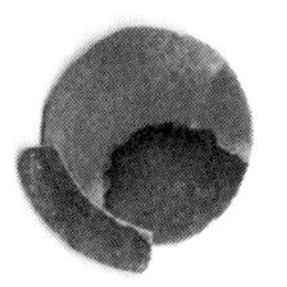

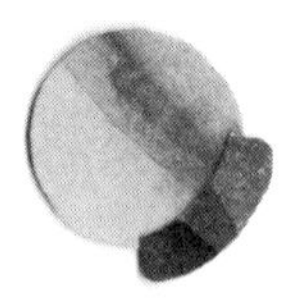

Ψ
金剛出版

はじめに

私は精神科医である。しかし私は、長年医者として病気を治療するという役割をあまりしてこなかったように思う。では何をしていたかと言うと、病気を抱える当事者やその家族、彼らをサポートするソーシャルワーカーを支える役割に熱を注いできた。特に、*サイコドラマという*集団精神（心理）療法を使って、多くの地域の人たちと一緒に幸せになる方法を模索してきた。社会に求められた医者という役割に留まらず、自分のやりたいこと、自分を活かせることをしてきたのだ。その経験の中で生まれた、ちょっと風変わりなサイコドラマを「増野式サイコドラマ」と呼ぶことにした。そして、その「増野式サイコドラマ」を通して、幸せを模索し、人生を豊かにする方法を書くことにした。したがってこの本は、「自分を活かし、人生を豊かに生きたい」と願うすべての人に読んでもらいたい。とりわけ「生きにくい世の中」で、さまざまな理由で孤立して苦しんでいる人、そしてその家族や友人知人といった人たちの助けになればと思っている。

人はグループの中で生きている

人は、家族と呼ばれるグループの中で生まれ、その中でさまざまな生き方を身に付けて成長する。その後、保育園、幼稚園、小中学校など各種の学校でのグループを体験をする。そこでも、同年代のピアグループ（仲間集団）を通して人間関係を身に付けていくことになる。やがて、卒業して仕事に就けば職場のグループの中に入る。仕事に就かないで家庭に留まる人もいるが、そこでも何かしらの形で社会の中で求められる役割があり、それを身に付けて生きていくことになる。年月を重ね、さまざまな経験を経て、やがて仕事や社会的役割から退くと、多くの場合、家族という小さなグループに戻る。このように、人の一生はグループなしでは考えることができない。人は社会を作って生きていく動物であり、社会の中でさまざまな役割を身に付けて成長していくのである。グループを避けて生きていくことは難しいのだ。

しかし、現代の社会を見てみると、核家族化が進む中、共働き、一人親家庭など家族不在の状況で育つ子どもが増え、何らかの理由で家庭以外の場で育つ子どもも少なくない。また家庭や学校、職場などの人間関係に傷つき、それがきっかけでグループを避けて引きこもり、十分にグループ体験ができないでいる人が増えてきている。さらに、それらの結果として自殺によって亡くなる若い人たちが増えてきているように思う。引きこもりなどは成熟を装う現代社会の中で、人が未成熟のまま年齢を重ねることができるがゆえに、若者だけでなく中高年にまで広がっている。私が慈恵医大の精神科に入局した当時、自殺をテーマに取り組んでいた大原健士郎氏の下で研究に協力したことがあった。大原氏は、「一人で自殺をする人も、必ず街の明かりの見える方を向いて死んでいる。人間の社会に戻りたいという気持ちの表れだろう」と言われていたのを思い出す。それが現在では、直接関係のない大勢の人を巻き添えにして一緒に死ぬ「拡大自殺」とも言える事件が増えてきているように思われる。一見、社会への恨みや憎しみに見えるこの行為は、何らかの原因でグループから隔絶され、孤立している人たちが、深層心理ではグループを欲している表れではないだろうか。

そしてまた、社会の中で会社などのグループに所属していた人たちも、高齢になり社会的役割から退くと、戻る家庭がない人や、地域で新しい人間関係が築けない人がおり、何のグループにも属せないまま人生を終える人も増えている。人生一〇〇年時代と言われる現代で、社会での役割から外れた後に、多くの人があまりにも長い孤立した生活を強いられている。

このような社会に未来が見いだせるだろうか？

人を活かす増野式サイコドラマ

しかし、このような人たちも、安心でき、自分を活かせるグループとグループ体験があれば、今とは違う未来を見い出せるのではないだろうか。それには、これから本書で紹介する「増野式サイコドラマ」が大いに役に立つと私は考えている。なぜなら「増野式サイコドラマ」（以下、「増野式」）は、安心できるグループ作りを重視し、グループの中で自発性を育み、自分を活かす道を模索する技法だからである。また、自分の身近にグループが苦手で悩んでいる人がいて、そのことでグループ全体が戸惑っている場合や、家族同士のコミュニケーションがうまくいかないで悩んでいる場合も、増野式の安心できるグループの中で良いコミュニケーションの体験をすることによって、グループや家族の中に風が通りだすだろう。

身近な人たちだけはない。世界では、難民の問題を抱えて大きな危機を迎えている国が多く、異なる民族の共存が求められている。異なった文化の人たちがどのように理解し合えるかということもグループの問題である。日本の社会でも、異文化との交流は避けられない問題となっている。このような異文化交流にも役立つ。

このように社会ではグループにおける問題が多い。ということは、地域の中で、そのグループに関わる仕事に就いている人も多いということになる。その人たちにとっても「安心できるグループ作り」のコツが分かれば、グループを運営しやすくなるであろう。学校や会社でも、さまざまなグループ活動が行われている。その中に安心できるグループがあれば、社会や地域全体への良い影響も作り出せるであろう。特に、精神保健の分野では、それは必須の業となる。学校の保健室、地域の中の生活支援センターをはじめとするさまざまな支援施設、精神科の病院や診療所、高齢者の施設、或いは、それに近い仕事をされている方にとって、安心できるグループの運営はいつも求められていることである。

増野式は参加者の自発性を引き出し、時には治療にもなる。コミュニケーションの改善によりグループの雰囲気が変わり、環境が整う。加えて、グループの運営自体にも役立つだろう。さまざまな展開や可能性を模索している時には、何らかのヒントを提供してくれるかもしれない。本書にはそのためのやり方やコツが書いてある。

そして、精神保健の専門家、心理職やソーシャルワーカー、精神科医などでサイコドラマにチャレンジしたいが二の足を踏んでいる人、なかなかグループを持つまでに至らない人には特に増野式が役に立つだろう。従来のサイコドラマは言うまでもなくとても有効な治療法である。しかし、有効であるがゆえに、多くの訓練を要し、精神医学や心理学への深い理解が必要になる。そのことからなかなか実践できない人もいるのではないだろうか。そのような人でも、シンプルで簡単な増野式を知ってもらえれば、「何とかやれそうだ！」と手を付けることができるのではないかと思う。実際に何年もサイコドラマを学びながらもディレクターとして活動していなかった人が、増野式を学んで、サイコドラマのディレクターとして活動し始めている例が生まれている。そんなことから、増野式を地域での安心できるグループ作りに活用してほしいと思うようになった。そのために本書では、グループワークとしての側面をピックアップして、具体的に活用しやすいように書いた。「人間関係で悩む多くの人たちが、安心できるグループを経て、大きな社会へ踏み出す一歩」をサポートしたいと願っている人にも是非読んでもらいたい。

ここで本文に入る前に、是非一つ伝えておきたいことがある。それは、なぜあえて「増野式サイコドラマ」と名乗ろうとしたかということだ。理由は、決して後世に名前を残したいとか、実績をアピールしたいといった類の話ではない。多くの人に気軽にサイコドラマを活用してほしいからだ。しつこいようだが、サイコドラマはとても優れた療法だ。しかし、それを活用するにはさまざまなハードルがある。それで私は、従来のサイコドラマを活かしつつも、巡り合った人々のニーズに合わせて、対象者や用途を変え、新たな技法を作り、発展させてきた。そして、今後も利用者の手によって、どんどん改良してほしいと思っている。「精神療法のサイコドラマ」という枠に捉われず、「増野式サイコドラマ」という免罪符の下に、誰もが自由な発想で、自発性を活かして、サイコドラマを展開してほしいと思っているからである。つまり「参加者がよければ何でもあり！」が増野式なのだ。

増野式では、病気や障がいを抱える当事者（以下、当事者）でも、その家族でも、支援者でも、同じ立場で参加できるところが大きな特徴であり、メリットでもある。もちろん、目的やサイコドラマの経験の有無等によってグループを分けることはあるが、環境や一定の条件さえ整えば、本来、治療者や支援者が担う役割である「ディレクター」と呼ばれるグループリーダーを、当事者自身が務めることもある。そしてそのグループの中で、「癒される役割である主役」を医師やソーシャルワーカーが演じる、ということもあるのだ。そこには増野式が人間関係を、支援者と非支援者、親と子、男と女といった画一的な関係に留まらないドラマの世界を、サイコドラマを構成する役割にも活用したからだ。

治療を受ける者と治療をする者、学ぶ者と教える者、重要な役割と重要でない役割などという社会での役割を固定化せず、一人ひとりの可能性を模索する。この試みは、決して楽なことではない。だが、自分を活かすことはとても楽しいことだ。本書を通して、今、あなたの頭の中にいる固定化された自分に、新たな可能性を感じてもらえれば嬉しい。

《この本の使い方》

この本では、主に増野式サイコドラマのディレクターを目指している人や、他のグループワークに増野式を取り入れてみたい人などが、実際に実践できるように具体的にやり方を示した。

それと同時に、まだ従来のサイコドラマや増野式を知らない人の入門書として、または、人間関係に悩む人たちの指南書としても活用できるようになっている。*印のついた用語については、簡単な説明を巻末の《付録1》用語解説に記した。

したがって、立場によっては興味のない部分や難しいと感じる部分もあるかもしれない。その場合は、読み飛ばして、興味のある部分や、自分の置かれている状況に合わせて、読みたい部分だけを読んでもいいようになっている。

そして、ただの読者だったあなたがサイコドラマの参加者になり、単なる参加者だったあなたがディレクターになるなど、サイコドラマにおける役割が変わった時に、再び違う目線でこの本を活用してもらえることを願っている。

もくじ

第1章　人が幸せになるには何が必要か

Ⅰ　幸せとは何か？

人が幸せを感じるのは、どんな時であろうか。お金があって現在の生活が保障されていれば幸せだと感じる人もいる。人間関係を重視している人は、人から愛されている時、愛する人たちに囲まれている時が幸せだと言うだろう。仕事に重点を置く人もいる。やりがいのある仕事、人に喜ばれる仕事、楽しくやれる仕事に従事している時が幸せだと言う人もいる。健康が第一だと言う人もいる。病気にならないで、毎日をつつがなく送ることができれば幸せだと感じる人もいる。これらのことすべてが恵まれていて初めて幸せだと言う人もいるし、その中の一つがあれば幸せだと感じる人もいる。しかし、そのような条件を一つも備えていなくて毎日をやっとの思いで生きている人も少なくない。また、それらをすべて備えていても、明日は何が起きるか分からない。事故や思いもかけない事件が毎日の新聞を賑わしている。東日本大震災やＣＯＶＩＤ-19の大流行のような災害などはいつ起こるか分からない。それらを考えているだけでも不安になる人もいる。そして、人間であれば、いつかは老いる。日本では一〇〇歳を超えることも珍しくない超高齢化社会を迎えているのが現状だ。昔、国立精神衛生研究所所長だった加藤正明氏が、「お金、生きがい、健康のどれかが保障されていれば若い人ならやっていけるが、高齢者になると、このうち二つが必要になる」と言っていたことを思い出す。長寿はこのような負担も多く、長く生きることが単純に幸せとは言い難い。

このように「幸せとは何か？」と考えてみるととても難しい。そして、現代社会は幸せを模索するための余裕を失っているように思われる。社会的、心理的、経済的余裕やサポートなどの環境も整っていないと言わざるを得ない。加えて、日々、新たな危機はやってくる。これでは幸せになるどころか、「幸せとは何か？」と問うことすらままならない。

しかし、そんな中、いろいろな危機があっても、むしろそれを乗り越えていくことで成長し、新たな道を切り開いていく人もいるのである。多くの偉人は、困難な状況を乗り越えるだけでなく、そのような状況があったからこそ人として成長したと言えるかもしれない。私たちにもそんな力があったらどうだろう？　危機を乗り越え、その時その時の自分に合わせて幸せを模索する力を持っていれば、つかの間の幸せを失うことを心配せずに、今を生きることができるのではないだろうか⁈

一般的に「ピンチはチャンス」とよく言うが、一見幸せを脅かすように見える危機は、マイナス面だけではなく、その時こそ、自分の中にある新たな可能性に気づき、自分を活かすことができる絶好の機会とも言える。どんな状況であってもそれを乗り越える力を持つことができれば、私たちも危機を乗り越え成長し、勇気と希望をもって幸せを模索することができる。そのような力は実は本来誰でも持っている。にもかかわらず、多くの人が自分の可能性を信じられず、自分を活かすはずの危機を好機に変えられずにいる。

ならば、危機を好機に変え、自分を活かし幸せを模索する力とは一体何だろうか？　それこそが幸せを考える上で重要なのではないだろうか。

Ⅱ　幸せを模索する力

一口に危機と言ってもさまざまな危機がある。大病や交通事故、犯罪被害、自然災害のように突発的に生じる急性の危機。いじめ、虐待、パワハラなどの人間関係で生じる慢性的な危機。思春期や更年期など成長に伴い誰もが迎える危機。親からの自立、就職、結婚、出産などの成長していく過程で多くの人が遭遇する発達上の危機。入学や就職に伴う新しい環境に慣れるまでの危機。大切な存在や、打ち込んできた仕事やスポーツなどからの引退のように自分が生きがいにしていた対象との別れによる危機などだ。このように、危機と呼ばれる状態は、環境や自分自身の変化により新しい状況に遭遇した時、これまで用いてきたやり方では対処ができなくなった状態を言う。

我々の人生を見てみると、変化の少ない「安定した時期」と、さまざまな変化の中で揺れ動いている「変化の時期」を繰り返している。大抵の人は、生きていく中で繰り返しやってくる危機に対して、新しい適切な方法を見出すことによって、以前より成長し強化された状態で安定する。しかし一方で、それに失敗して、以前より精神状態の悪いまま落ち着く人もいる。つまり危機は二つの道の分かれ目であり、人生の岐路ということになる。これらの考え方は、ジェラルド・カプラン（Gerald Caplan）の「予防精神医学」から借りてきたものであるが、それを私なりにわかりやすくしたのが次のイラストである。

この二つの道の違いは何かというと、私は「自発性」が関係しているのではないかと思っている。自らの力で危機の状態を乗り越える人たちは、「自発性（Spontaneity）」を存分に発揮し、自らを活かすとともに、イマジネーションを働かせて、可能性を見出していく。そうすることで、多様なものを受け入れ、多くの経験を積み、共感する力がついてくる。

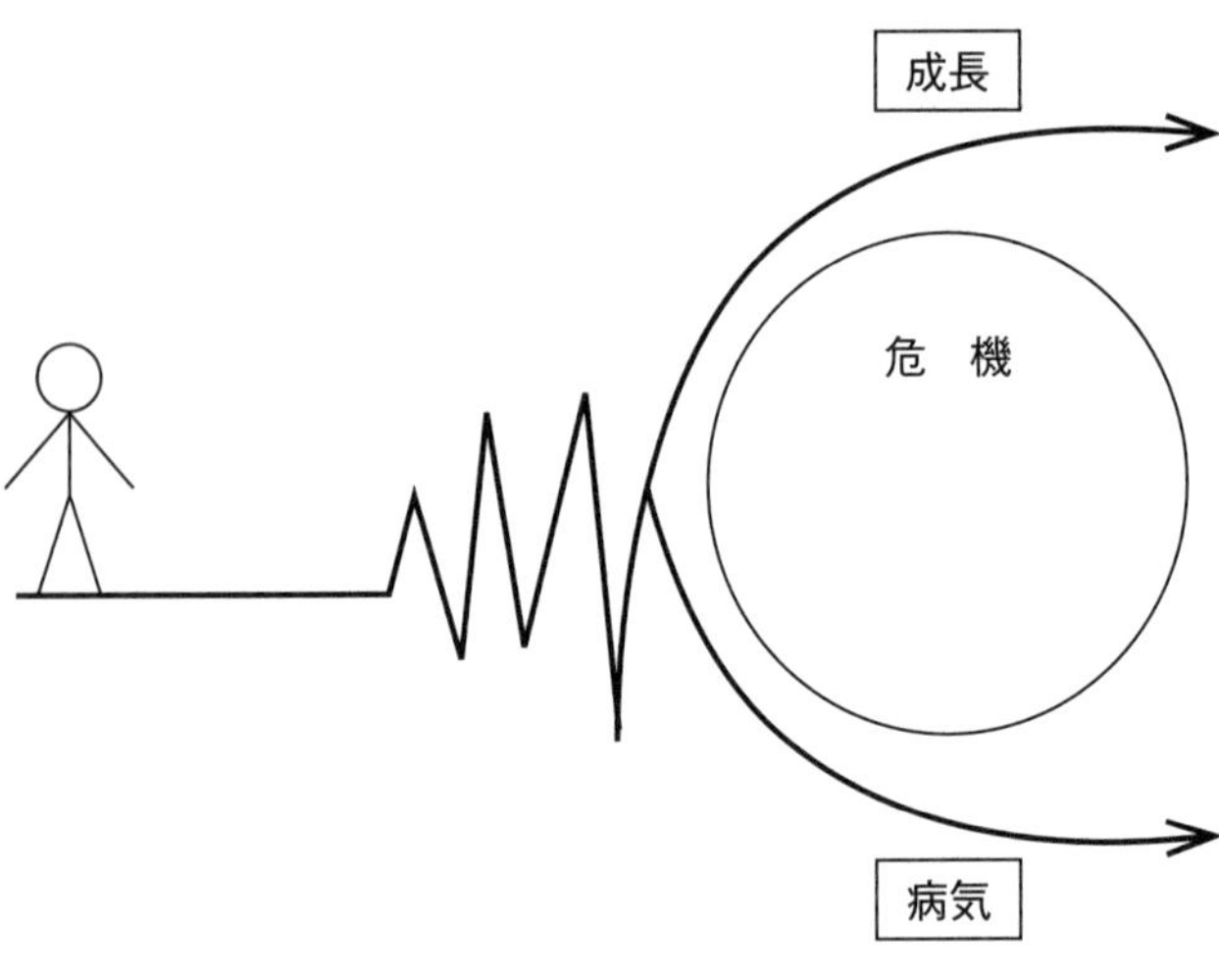

では、その自発性とは何だろう。自発性とは他の誰かからの影響や教えなどに頼らず、物事を自分から行おうとかすることである。つまり「やりたいこと」「自分らしく生きること」「自分を活かすこと」を他者や外部の影響を受けずに行うことではないだろうか。「他者や外部の影響を受けない」とは「やるべきこと」「やった方がいいこと」「求められていること」など、社会的な役割や、他者との関わりの中で「〇〇な私」といった自らが作り出した心理的な役割に囚われないことである。

赤ん坊は、社会的な役割に基づいて「赤ん坊らしく遊んだ方がいい」と判断して遊んでいるわけではないし、「私は天真爛漫な赤ちゃんだ」という心理的役割に基づいて天真爛漫に務めているわけでもない。ましてや「失敗したらどうしよう？」「これって赤ちゃんらしからぬ遊びだよね」などと考えて、行動を抑制したりしない。触って、舐めて、投げて、それらが楽しくて、これらが何なのか知りたくて遊びながら、自分の活かし方を学んでいくのである。

しかし、さまざまな経験を積むうちに社会的な役割を引き受けることになり、自ら「自分はこういう人間だ」という心理的役割を背負っていく。最近、若者の中で「キャラ」という言葉がよく使われるようになったのは、まさにそのことを示している。社会の中である地位を確保するために、自分にキャラクターをつけ自己プロデュースしていくのだ。家族思いの父親、教育熱心な母親、何にでも全力を尽くす学生といったキャラクターを。しかし、やがてそれがマンネリ化した時、今までの経験からでは対応できない出来事が危機となってやってくる。世間に求められた役割や自分が作ったキャラクターを全うすればするほど、深みにはまっていく。頑張っても、頑張っても結果が伴わない。そんな経験は多かれ少なかれ誰にでもあると思う。そんな時に、役割に囚われずに、自分を活かす新たな道を見出す力こそが自発性なのではないかと思う。自発性とは言うなればより良く生きたいと願う「*生の欲望」なのだ。やるべきことでも、やった方がいいことでもなく、やりたいこと、望んでいること、自分を活かせること、活き活きと生きること、心と体の欲求に基づいて、やらずにはいられない行動。自分の中に秘めている可能性そのものである。

そして、危機を目の前にし、社会的、心理的役割に囚われず、自分を活かせた人は成長し、今までの役割に留まり失敗を繰り返した人が病気に近づいていくのではないだろうか。

しかし多くの人は、役割がマンネリ化しても、それがベストだと思いこむ。それは、演者も観客も飽き飽きしているロングランの舞台に立ち続けるようなものだ。惰性で芝居を演じ続け、誰も評価してくれないと嘆いている。時には気を取り直して演じてみても、その意気込みは数日も持たない。それならば、新しい役を演じればいいのではないだろうか⁉　自分を活かす役がなければ、自分で役を作り出せばいい。その新しい自分を活かす役を見出す力こそが自発性だ。

この自発性を発揮できずに他人に依存したり、自分を偽ったりすることで安定した者は、その後も失敗を繰り返すことが多くなり、病気と呼ばれる状態に近づくことになる。そうは言っても、長年背負ってきた役割に囚われず、自分一人で模索するのはとても大変なことだ。したがってこのような危機にある時、まだ自らの力だけで乗り越える力がない人には、依存のような不健康な状態に陥らせずに、自発性を発揮し、危機を乗り越え成長するための適切な援助をすることが重要となる。そこで自発性を肯定し支えてくれるキーパーソンやセルフヘルプグループが必要になってくるのである。

Ⅲ　危機を乗り越えるために必要なもの

1．キーパーソン

危機にある人に共通する現象として、トンネルの中にいるような心理的視野狭窄が生じる。そのために周囲のことが正しく見えず、判断を狂わせてしまう。正しく物が見えなくなり、正しい判断がしにくくなる。そのような時には、トンネルの出口には敏感にならざるを得ない。そこに影響を与えるのが、その人にとって重要な人物、つまり「キーパーソン」である。親、きょうだい、友人、学校等の先生、医師、カウンセラーなどである。危機にある人は、そのようなキーパーソンの言葉や表情には敏感に反応する。ちょっとした言葉に安心したり怯えたりする。したがって、キーパーソンが、不安を受け止めて「安心」を送るか「不安」を送るかが重要な問題となる。

そのキーパーソンが心配のあまり「何とかしなければ」という思いを強くすると、逆の不安を作り出して病気の状態を悪化させてしまうことが多い。家族の不安が作り出す情動的な表現（Expressed Emotion）が、病気の危機の中にいる子どもには大きな不安を与えることになり、病気を悪化させることが分かってきた。逆に、家族の理解とサポートがある場合は再発率が低いという研究結果も出ている。キーパーソンが変わることでより多くの波及効果を期待できるのである（ＥＥ研究）。

そこで、家族の不適切な行動を抑制し、適切な行動を助長するための心理教育プログラムが生まれたのである。適切な行動とは、あれこれ指示をするのではなく、本人の訴えをよく聴き受容することで安心を与えることである。危機にある人の気持ちに共感してサポートすることが重要なのだ。

以前、私が関わったある家族にこんなことがあった。症状が悪化すると庭中に穴掘りをする息子を、母親はそのたびに入院させていた。しかし、入院させるのではなく、一緒に穴掘りをしたところ、息子は、「お母さんが倒れたらいけないから」と言って穴掘りをするのをやめ、症状も落ち着いてしまったというのだ。

２．セルフヘルプグループ

キーパーソンと同様の働きをするのがセルフヘルプグループである。セルフヘルプグループとは、同じ悩みを抱えた人たちが自ら勉強したり、励まし合ったりして、どのように改善するのかを模索する自助グループのことである。危機にある時に安心を贈れる（送れる）のはキーパーソンよりも、このセルフヘルプグループであるという場合もある。

自分一人で考えつくことには限界があるので、同じような問題を抱えている人たちの多くの体験、成功した体験を聞くことはとても参考になる。また、他の人たちの失敗した体験を聞くことで、自分の問題点が明らかになってくるのだ。セルフヘルプグループの良さとは、そういうところにある。

このようなセルフヘルプグループが危機にある人に適切に援助して成果を上げている例はたくさんある。例えば、「長年医療機関にかかっていても断酒できなかったアルコール依存症の人が、断酒会やＡＡ（アルコール依存者の会）に入って断酒に成功した」あるいは、「定期的に断酒会に通って仲間と励まし合うことで、なんとか断酒を続けている」などという例は枚挙に暇がない。さらに、ＳＮＳなどの普及も手伝って、同じ悩みを持つ人たちの自助グループは急速に増えている。共通の悩みを通して相互の理解が生まれ、そこからそれぞれが力を得ているように思う。グループはやはり大きな力を発揮する。

しかし、このようにセルフヘルプグループに参加することによる効果は大きいが、それを妨げる問題がある。それは医師やソーシャルワーカーなどの支援者の側が、セルフヘルプグループの価値を過小評価していたり、存在そのものを知らないということである。また、たとえ支援者が勧めても、本人が自分の課題や病気、障害などを認めることに抵抗があり、「自分はそれほど悪い状態ではない」「自力で克服できる」と考えてしまったり、グループに入ることに不安や抵抗を感じることが多いのである。断酒会に入るべきだと思いながらも、実際に入るまでには数年を要している人が少なくない。セルフヘルプグループに助けを求めるには、、専門家や支援者の理解が必要であるとともに、本人の自覚と覚悟が必要となる。

そして、セルフヘルプグループにつながったとしても、ここでまた問題がある。それは、それらのセルフヘルプグループを、グループの参加者の誰もが居心地の良い居場所となるように運営していくことの難しさである。グループでは、場を牛耳る人が出やすい。気の弱い人は、参加しても上から目線で指導されることに抵抗や不安を感じて離れていく人も少なくない。逆に一見、楽しそうで、何の問題もないグループに見えても、自発性の低い人からすると、その楽しさに劣等感や疎外感を覚える人もいる。いずれにしても自発性の低い人たちにとってはグループへの参加は簡単なことではない。

そこで増野式サイコドラマの出番となるのである。

Ⅳ　人生を豊かにする増野式サイコドラマ

前述したように、人は大人になるにつれて社会的、心理的役割でがんじがらめになっていく。私たちをそういった役割から解放してくれるのがサイコドラマである。サイコドラマでは危機を目の当たりにした時、これから訪れるだろう危機に向けて、ドラマの中でさまざまな役を演じながら、自発性を取り戻し、自分を活かす方法を見つけ出していく技法なのである。

特に増野式サイコドラマ（以下増野式）では、グループが苦手で、自分を表現できない人でも参加できるように随所に工夫がされている。例えば、本題であるドラマ作りのセッションに入る前に、参加者全員が平等に話す機会を与えられたり、参加者同士で共通部分を感じられるようなワークがある。同時にコミュニケーションが苦手な人はそれらをパスすることもできる。このように参加者が自分のペースで参加でき、それぞれが成長するのを、グループ全員が見守る仕組みになっているのだ。言うなれば、キーパーソンと問題を抱える当事者とが一緒に成長できる人生のセルフヘルプグループなのである。

セッションの中心であるドラマ作りに入ってからも、決して無理強いはしない。各自のペースに合わせて自己開示していく。そしてその自己開示を基にドラマを作っていくのである。そのドラマの中では、参加者の誰もが主役になる。現実の世界ではなかなか自尊心の持てなかった人も、他の参加者に支えられながら、自分のドラマを作り、自尊心を取り戻し高めていく。最初は参加者全員が主役になる短いドラマから始まり、徐々に演じる時間を増やして自信をつけていく。演じる役も、今の自分から、もう一人の自分、自分を取り巻く人々やモノ、さまざまな役へ広げていく。演じる世界も、現在、過去、未来、ファンタジーとさまざまだ。ある時は、母親は娘役を演じ、娘は母親役を演じてみることで、役割の違う人物の心を垣間見る。またある時は、リビングの照明や庭の木になって、自分を客観的に見つめることで、もう一つの視点を手に入れる。そして時には、守護天使になって、無条件で自分を見守る存在になり、自分自身が自分の一番のサポーターになってみるのである。現実でいきなりチャレンジするのが怖いことも、ドラマの中で体験してみればいい。それ以前に、どんな役を演じたらいいのか分からなければ、それこそサイコドラマで見つければいいのである。これを繰り返しながら、現実の人生の主役になる準備をしていくのである。危機に遭遇した時も、ドラマの中で取り戻した自発性を用いて、自分を活かす新たな方法を見つけ出すのである。

「そんなことで本当に危機を乗り越えられるのか⁉」と思うかもしれない。しかし、マンネリ化した役割を背負った状態でいくら考えても決して新しい解決策は見つからない。なぜなら、今立っている場所（役割）からは決して見えない景色があるからだ。

私は、誰もが自ら幸せになる力を持っていると思う。ただ多くの人が、それが何なのか、どう活かしていいのか分からないだけなのではないかと思う。はたまた自分の力が信じられなかったり、自分の力を信じてもらえずにいるだけなのだ。そんな人たちに、「誰かが素敵だと言った景色」ではなく、自分の心と体が踊るような「自分だけの景色」を見つけて欲しいと思っている。その自分が幸せだと感じられる景色まで歩く力と、その道のりを応援し、時には一緒に歩いてくれる仲間がいることを、増野式サイコドラマで気づいて欲しいのである。そして、一人ひとり幸せの形は違えど、ドラマの力を借りて多くの経験を積みながら幸せを模索することで、私たちの人生は豊かになっていくだろう。

では、次の章では、その増野式サイコドラマとはどういうものか、また、どのようにして生まれ発展していったのかを従来のサイコドラマも踏まえて紹介していきたいと思う。

第2章　サイコドラマと増野式サイコドラマ

Ⅰ　サイコドラマとは

サイコドラマとは、精神科医であるJ・L・モレノ（J.L.Moreno）によって作られた集団精神（心理）療法である。即興劇を演じるなかで人が抱える心理的な問題を整理し明確にして、自発性（Spontaneity）を用いて解決する。

舞台の上で、それぞれが現実の世界で抱えているマンネリ化された社会的役割や心理的役割から解放され、ドラマの主役として自由に演じることによって、新しい自分の生き方を見つけていく。それを支援するのがディレクターと呼ばれる治療者と、*補助自我と呼ばれる主役以外の参加者メンバー（以下参加者）である。また問題を抱えた人（主役を演じる人）以外の参加者も、補助自我と呼ばれる主役を助ける役割として関わる（助演する）ことで、心の奥に隠れていた問題が現れ、新しい「生」を得てドラマの世界で生きる体験をするのである。一つのドラマを通して、参加者がそれぞれの立場で問題と向き合い、関係性の中で成長していく。このようにサイコドラマは、グループの力を必要としている治療法なのである。その背景には、*自発性（Spontaneity）、*役割（Role）、*余剰現実（Surplus Reality）、*補助自我（Auxiliary Ego）、*テレ（Tele）、*ダブなどといった考えがあり、独特な世界を作り出している。さらに、*ロールリバーサル（役割交換法）、*ダブル技法（二重自我法）、*ミラー技法（鏡映法）、*独白（モノローグ）、*ロールクラスター（心理的役割群）といった技法を用いてドラマを展開させていくことでより深い気づきがうまれるのである。本書では、従来のサイコドラマの概要についてはこれ以上の説明はせず、紹介する程度に留めたいと思う。もう少し詳しく知りたい人は本書の最後にこれらの言葉の簡単な説明や、参考文献を載せたのでそちらを見て欲しい。

サイコドラマは、今述べたような個人の問題をドラマとして取り上げるサイコドラマから、いくつかの技法に発展していった。他人との理解や接し方を援助する*ロールプレイングや*ＳＳＴ、社会的な問題や歴史的問題を扱う*ソシオドラマなどだ。これらは、医療、精神保健、教育などの現場で、さまざまな形で活用されている。さらに、サイコドラマには集団精神療法という側面以外に、ドラマという芸術を手段としているところから芸術療法としての側面もある。

サイコドラマについて語る時、治療法としての概要も大事だが、サイコドラマを発案し、発展させてきたモレノについて、また彼がどのようにしてサイコドラマを発展させていったのかを紹介する必要があるように思う。それは他の治療法のように、一定の理論に基づいて体系化された知識と方法から成り立つ学問や臨床の積み重ねからできた治療法ではなく、彼が生きていく過程で即興的に作られ、人生の歩みと共に発展していた療法であるからだ。もちろん、医師としての知識と経験の裏付けがあってのことではあるが、まさに、サイコドラマのような彼の人生を知ってこそ、サイコドラマの面白みが分かってもらえるように思う。

モレノは一八八九年ルーマニア生まれの精神科医である。その傍ら、熱心に演劇の活動も行っており、新しい演劇活動をしようと、ウィーンでいろいろな試みをしていた。同じシナリオを繰り返して上演している従来の演劇のやり方を批判し、演劇は、その都度新しいものにすべきだと考えた。そこでその場で創造していく即興劇の形式で行うことにした。その日の新聞で報道される事件を、即興で演じてみたのだ。そしてそれをモレノは「Living Newspaper」と呼んだ。

これを上演していたグループの中に、バルバラという女優がいた。彼女はいつも純情で可憐な役を演じていた。しかし、家庭では、夫のジョルジュにたびたび暴力を振るっていた。ジョルジュがそのことをモレノに相談すると、モレノはバルバラに、それまでの純情な役ではなく、その日に新聞に載った事件から、殺された若い売春婦の役を演じさせた。最初はその役を演じるのに抵抗を感じていた彼女だが、説き伏せられて演じてみると熱演した。金銭のことでもめるシーンでは、相手につかみかかり激しくののしり、拍手喝采を浴びた。それ以後モレノは、勝ち気で激しい役を彼女に演じさせ続けてみた。すると彼女は家庭ではおとなしくなり、ヒステリックな発作も収まっていった。それは、彼女の攻撃的な怒りが舞台の上で表現できて、それによってカタルシスの効果があったことを示していた。

次にモレノは夫婦の間に起きた日常の出来事を演じさせた。そうすると新聞に載る劇的なドラマよりも、日常生活の中でのありふれたドラマの方が、観客に受け入れられることに気づいたのである。その方が共感できるからであろう。そこで、夫婦の日常の出来事に焦点を当てるようになった。この時点では治療法としてではなく、演劇活動の一環として行われていたが、形式としては現在のサイコドラマに近い形が出来上がったことになる。しかし、思わぬ事件が起きた。バルバラは女優として成功していったが、夫が自殺をしたのである。それだけでなく、同じようなことが劇団内のもう一組の夫婦でも起きた。どちらも、女性が成功して自立していったのに対して、夫が自殺したのである。この二組の夫婦がなぜそうなったのか真相は分からないが、心の真実を明らかにする技法が、ある人には活力を与える反面、ある人には逆に、活力を奪われるという結果になってしまったのかもしれない。当時はあくまでも演劇活動だったということもあって、主役以外の参加者への配慮が欠けていたのかもしれない。ここでLiving Newspaperの試みは中断する。このような失敗を経て、サイコドラマは徐々に主役だけでなく、一緒にドラマを作るグループ全体としての成長を目的とする集団精神療法へとシフトしていくのである。

その後彼は、当時ウィーンでも強力になってきたナチスの迫害を逃れて渡米した。そこで勤務したシンシン刑務所で集団の構造を測定するソシオメトリーを考案し、グループのスターやグループから外れている人を見出す技法について論文を発表している。さらに、女優のジョン・クロフォードなどとの親交を深めて演劇人たちと研修のグループを組織した。しかし、ほどなくして、自分が求めていることと演劇人たちが求めていることとの違いに気づく。モレノは、参加者が人間として成長することを求めていたのに対し、演劇関係者の関心は観客をいかに感動させるかにあった。そこで、モレノは演劇とは一線を画し、治療の場としての劇場をビーコンに作った。こうして治療としてのサイコドラマが誕生したのである。

後にモレノは、統合失調症の姉の治療者を求めて来たザーカ・トーメン（Zarka Toeman）と出会い、結婚した。結婚後、ザーカ・モレノは心理士となり、サイコドラマの治療者としてもすぐれた才能を発揮し、以後二人で協力して集団精神療法としてのサイコドラマを確立していった。それが「古典的サイコドラマ（Classical Psychodrama）」である。この「Classical Psychodrama」の、「Classical」は本来、「正統的な」と訳した方が合っていたのもしれない。しかし、ザーカ・モレノが日本で紹介した際に、わが国では「古典的サイコドラマ」と訳されて定着した。古典的サイコドラマは、ダブルやミラー、役割交換といった従来の技法を用いて、現在の精神分析的サイコドラマへと発展し、人間の心理を深く掘り下げて、人間心理の真実に迫るようになった。これは、モレノがサイコドラマを始めた当初の「今」を重要視するサイコドラマとは大きく違っていることを付け加えておきたい。

このようにモレノがバルバラと出会いサイコドラマが生まれ、ザーカ・モレノと出会ったことで治療としてのサイコドラマが確立された。この後、サイコドラマは多くの人々の手を経て、さまざまな形で発展していき、日本でもそれぞれの地域やディレクターの特徴が加わり独自の発展をしていった。このような流れの中で増野式サイコドラマも生まれたのである。

Ⅱ　増野式サイコドラマ

「増野式サイコドラマとは何か？」と聞かれると少々答えに困る。というのは、サイコドラマとは集団精神療法であるが、増野式サイコドラマ（以下、増野式）は治療より、グループワークといった援助の側面が大きいからである。個人的な事柄を題材にドラマを演じるという形は同じだが、目的が違うのだ。治療というのは病気やケガなどを治すための行為であり、医療従事者が行うものであるが、増野式は治療（問題解決）だけを目的としないのである。治すことが目的でないとすると、では、何が目的なのか？　それは病気や問題を抱えている人たち自らが自発性を発揮し、問題を解決する力を育み、問題を解決するにあたって必要な周辺からのサポートを受けられる環境を手に入れることである。結果として病気が治ることもあるし、治らないこともある。しかし、予防や再発防止には大いに効果が期待でき、病気が治らなかったとしても、病気と共に生きる力や仲間を得ることができるだろう。

そもそも私がサイコドラマに意欲を燃やし始めたのは、医師になって間もない頃のことだ。当時、神経症などが主な対象だったサイコドラマを、ある統合失調症（当時は精神分裂病と呼ばれ恐れられていた）の患者さんを主役に、発病前のドラマを行ったことがあった。すると、ドラマを通してその患者さんへの周囲の理解が深まり、スタッフや他の患者さんとの関係性が良くなっていった。そして新しい関係性の中で、本人も変化していったのだった。その様子を見たことがきっかけで、私はサイコドラマに本来の目的とは違う可能性を感じるようになった。思えばこの時から、サイコドラマを治療法としてだけではなく、人が本来持っている治る力、生きる力を育む方法として活用していく試行錯誤が始まったのである。病気を治す前に、生きることが楽しいと思える瞬間を増やしていくこと、自分自身を認めてあげること、他者やグループから受け入れられる体験を積んでいくこと、これらのことを、サイコドラマを通して、とことん味わってもらえるようにしたかった。だから、増野式は、一見遊んでいるだけのようなシンプルなドラマを何度も何度も繰り返し演じていく。そのためのドラマ技法を、参加者と一緒にいくつも作ってきた。不安やネガティブな感情をなくしたり、抑え込むのではなく、自分の心と体を楽しいことでいっぱいにしてしまうドラマ技法を。もちろん、これはドラマの中での話なので、現実ではない。しかし、病気やさまざまな理由でこういった楽しい体験が少ない人にとっては、このドラマの中での体験は、現実の中で生きる土台となる。

このような考えから、増野式には、従来のサイコドラマともう一つ大きく異なる点がある。それは個人とグループの関係性だ。サイコドラマは個人の問題を取り扱う。主役を演じる個人が自発性を発揮し、問題を解決することで、グループが成長していく。それに対して、増野式は安心できるグループ作りを行うことで、個々が安心して自発性を発揮し、問題を解決する力を個とグループが育んでいくのである。これは個とグループのどちらが重要かということではない。単に取り組む順番の問題である。どちらも個を重要視していることには変わりはない。どちらにもメリットがあり、デメリットがある。サイコドラマは問題を直接、早期解決に導くことができるが、医師をはじめとする熟練の治療者と環境を整えるのがとても難しい。参加者は時に、己を優先させるがゆえに利己的になりやすく、グループが成長するまでの過程が難しい。一方増野式は、医師でなくてもグループをまとめるディレクターになりうるので、間口はとても広い。グループ作りから始めるので自発性の低い人も参加しやすく、対象者を選ばない普遍的なものである。しかし、グループ内での忖度が行われやすく、逆に個性を発揮できず均一化してしまう恐れがある。またグループ作りが上手くいっても、そのグループ作りには一定の時間を要する。どちらも、これらのメリット・デメリットを知った上で、活用する人（個人や組織）、対象とする人（個人やグループ）の目的、性格、地域性などに合わせて活用していけば良いのではないだろうか。

このようにサイコドラマと名乗りながら、増野式は従来のサイコドラマと前提を大きく違えている。もちろん、サイコドラマの形式をとっているし、モレノの言う「サイコドラマとはドラマ的な方法によって人間存在の真実、および環境場面の現実を探求する科学である」という意味では同じだ。

では次は、実際に増野式とはどういうものか、どんな特徴があるのか、もう少し詳しく紹介していきたいと思う。

Ⅲ　増野式サイコドラマの構造・構成・理念

1．グループの成熟度とディレクターの経験値

増野式の概要を整理していきたいと思うが、その前に、本書を書くにあたって、一つ新しい試みをしてみた（増野式の経験がある人は少し違和感を覚えるかもしれないが、しばらくお付き合いいただきたい）。それは増野式を「グループの成熟度」と「ディレクターの経験値」によって、大きく三つの段階に分けて説明していこうというものだ。また、「増野式サイコドラマの三つの段階と目的・グループの成熟度とディレクターの経験値」という表も試作してみた（33ページ）。

サイコドラマは、個人的な問題を基に即興でドラマを演じて問題解決をしていくことで主役個人が成長していき、この個人の成長が後にグループの成長へとつながっていく。しかし、増野式はグループが成長することで個人の成長を支え、問題解決だけを目的としないので、問題解決のサイコドラマを行うまでに二つの段階を経ることになる。つまりこうだ。

一つ目は、いわゆるサイコドラマのセッションをする前の、サイコドラマの形式を用いたグループ作りの段階。二つ目は、サイコドラマが目的とする個人の問題解決を優先せず、個人の表現、自発性を育むためのドラマに重点を置く段階。最後に、サイコドラマがセッションの核としている問題解決の段階となる。

したがって、増野式は同じサイコドラマの形式をとりつつ、三つの段階を経て、三つの目的を持っていることになる。そして、その段階ごとに、セッションの組み立て方やドラマ技法の選択が違ってくるのである。このことを念頭に置いておけば、実際にサイコドラマのグループの運営がしやすくなるのではないかと思っている。

この分類の仕方については、異見もあるだろう。それは大いに結構。これを基に、自発性をもって、議論を交わし、増野式を活性化させて欲しい。

① 第一段階・グループ作りのサイコドラマ

サイコドラマのグループをスタートさせる時、大半が初めて会う人たちだ。そこで、グループ作りの段階では、参加者全員が主役になり、ドラマの展開がなく、ワンシーンで描け、それぞれの世界を共感し、自己開示しやすい題材を設定してドラマを作る。言わば、ドラマを使って自己紹介するのだ。例えば、「自分の好きな時間」「自分のリラックスできること」などの楽しくポジティブなシーンを演じ、ドラマを通して知り合っていく。また、徐々に演じる時間、役柄、シーンが増えていくので、本格的なドラマに進むまでの練習段階ともいえよう。まずは楽しく演じながら、信頼関係を築いていくことに集中する。

このグループをまとめるディレクターは、本格的にサイコドラマを学んでいなくてもサイコドラマの楽しさを知っていればいい。グループワークのリーダー経験やサイコドラマで助手の経験があればなおいい。最初は経験豊富なディレクターに助手に入ってもらうと良いだろう。増野式は原則、ディレクターと助手の二人三脚で行うので、慣れるまでは足りない部分を経験者に補ってもらうと良い。また、自分の経験値に合わせて、ドラマ技法を選ぶことも大切だ。

② 第二段階・自発性を育むサイコドラマ

参加者同士が知り合って、グループにまとまりができてくると、自発性を育む段階になる。ドラマは徐々に登場人物が増え、物語が展開していくので、ドラマ作りも、演じるのも難しくなってくる。したがって、前段階でグループの信頼関係が築けていて、自己開示の幅が広がり、のびのびと表現できるようになっていることが大切だ。この段階では、グループの参加者間でかなり自発性に差があるだろう。そこで自発性の高い人から主役になってもらったり、自発性の低い人は簡単な補助自我から演じてもらうなどし、個々の自発性に合わせながらドラマ技法を選んでいく。

ディレクターは即興でドラマの構成をすることが少し難しくなってくる。また自己開示も広がっていくので、トラブルに対応できるように、精神医療従事者が望ましい。しかし、精神医療従事者でなくとも、ディレクターの訓練を受けていれば、ドラマ技法によってはそれほど難しくないものもあるので、「参加者に精神的に不安定な人がいない」「助手にディレクター経験豊富な人が付く」などの条件が揃えば可能だと思われる。

要は安全が確保できればいいので、安全の確保の仕方を考えていけば、今後より多くの人がこの段階のディレクターを務めることができるであろう。

③ 第三段階・問題解決のサイコドラマ

参加者が自発性を発揮し、信頼関係がしっかり築かれ、グループ全体が安定してくると、自分自身の問題と向き合う問題解決の段階になる。この段階は登場人物やドラマの展開が多いだけでなく、サイコドラマのさまざまなテクニックを場面に合わせて活用しながら自己開示をしていくことになる。したがって、主役を務める人はそれなりの経験と自分と向き合う覚悟が必要になってくる。加えて、その主役を支える補助自我たちにも余裕と安定が必要になる。

ディレクターと助手は共に、この段階では一定の知識と技術、経験が必要となってくる。主役が深層心理と向き合ったり、問題を開示しなくてはいけないので、かなり難しい対応に迫られることもあるのだ。精神医療や心理学の専門知識を身に付けていることが望ましい。

このように、グループの成熟度と、ディレクターの経験値に合わせてテーマを決め、ドラマ技法を選択できるようになっていれば、より簡単にサイコドラマを行うことができるであろう。

2. 構造

サイコドラマには、時間、空間、人、この三つの構造があるが、これは先ほど紹介した三段階のグループすべてに共通する構造である。そしてこの三つの構造は従来のサイコドラマと増野式では一部内容が違っている。このことを踏まえて見ていきたいと思う。

《増野式サイコドラマの三つの段階と目的・グループの成熟度とディレクターの経験値》

*ディレクターにとっての難易度を☆印によって表示。

段階	グループの成熟度	ディレクターに求められる経験値	難易度
第１段階 グループ作り	初対面 お互いを知り合っていく段階	グループワークリーダー経験有り	★
		同上 ＋サイコドラマで主役経験有り ＋サイコドラマで助手経験有り	★☆
第２段階 自発性を育む	ある程度の自己開示ができる間柄になってきている 自分のことだけでなく，他の参加者をサポートする余裕が出てきた段階	同上 ＋ディレクター経験有り	★★
		同上 ＋問題解決のドラマで主役経験有り ＋問題解決のドラマで助手経験有り ＋ディレクター養成を受けている	★★☆
第３段階 問題解決	信頼関係が構築され，深層の問題をグループの中で開示できるようになった段階	同上 ＋精神科医療や心理学の専門知識を持っていること（精神科医師・看護師，精神保健福祉士，心理士など）が望ましい	★★★

《時間的構造》

時間的構造とは、一回のサイコドラマのセッションに要する時間、そして継続して行う場合のセッション開催の頻度と継続期間のことである。

一回のセッションにかかる時間は一時間半から三時間。一般的なプログラムや、長時間のセッションに耐えられない人たちのグループでは一時間半ほどであるが、できれば三時間程度を使ってじっくり取り組めるといいだろう。

セッションの前半ではウォーミングアップの時間を十分にとり、グループの信頼性を高め、後半は具体的なドラマ作り、シェアリングとなる。

セッションを行う頻度や期間は、目的や開催する主体のシステムによって変わってくる。一般的には一週間に一度から月に一度の割合で連続して行われる。一週間とは経験を取り込むのに必要な時間である。これより頻繁に行うと参加者の理解が深まらす、逆に一カ月以上間隔が開くとグループ体験としての積み重ねが難しくなる。

定期的に連続して行うセッション以外に、ワークショップのような一回のセッションや、合宿形式をとる場合がある。ワークショップのような単発のセッションは、対象者や目的によってさまざまな形が可能である。合宿形式の場合、一泊二日～二泊三日で行い、同じメンバーで三～六セッションが行えるので、相互の理解が深まり、内容の深いドラマが可能になる。

《空間的構造》

空間的構造とは舞台のことを指す。舞台というのは現実と隔離された「　」付きの特別の世界を作ることである。参加者が自由に動き回れる広さが必要で、自由に寝転んだりできる部屋が良い。照明は明るさが調整できると便利だろう。

モレノは舞台上に自発性の段階に応じて場所が移動できるように三段階の舞台とバルコニーを用意した。バルコニーというのは、一段と高い空間で、神や天使を演じる時に利用したようだが、バルコニーに行くのに時間がかかり、ドラマの流れが中断されてしまい、あまり実用的とは言えない。高さを表現するのには椅子などを利用することが一般的であるが、自由な発想で空間を作り上げていくといいだろう。

古典的サイコドラマでは、舞台の他に観客席のスペースも必要になるが、増野式は観客がいないので、観客席のスペースも必要ない。「エンプティーチェア」や「ロールクラスター」といった一部のドラマ技法では、観客が存在する場合もあるが、観客席として一方に舞台と対峙し椅子を並べるようなことはせず、主役を囲んで思い思いの場所に椅子を置いて座るので、観客も「　」付の舞台の上ということになる。

《人的構造》

人的構造には二つの構造がある。一つはグループを引率するディレクターとディレクターをサポートする助手。もう一つは参加者としての演者である。

ディレクターと助手は、それが必ずしも医療従事者である必要はなく、特別な資格を持っていなくても構わない。グループ作りや、自発性を育む段階の安定したグループでは、問題を抱えた当事者がディレクターや助手を務めることもある。しかし、先に述べた三段階目の問題解決のサイコドラマのディレクターの役割はかなりの熟練を要し、ディレクターとしての訓練は必要である。助手もまた、ドラマの中では、重要な役を演じることが多く、その他に、死に関連する役や悪役のように、参加者が演じるのに抵抗がありそうな役を引き受けてもらうので一定の経験が必要である。

グループの参加者の条件は、グループに参加することに抵抗を感じない人で、ディレクターの指示に従える人である。治療を受けている人は主治医からの許可が必要である。グループの中で不安が強くなり、混乱する人は避けた方が良い。参加者の人数はディレクターと助手以外に三人以上いればサイコドラマは可能である。しかし、グループの適切な数としては一〇人前後がいい。ディレクターが把握できる人数もそのくらいと言える。ドラマの内容やグループの目的にもよるが、慣れてくれば二〇人ぐらいまで可能である。

3. 構成

構成にも二つの構成がある。一つはサイコドラマを構成している要素（あるいは役割）、もう一つは、サイコドラマのセッションの流れとセッションの中のドラマ技法の構成である。

《サイコドラマを構成している要素》

従来のサイコドラマの場合、構成している要素は、①主役、②ディレクター（監督）、③補助自我、④舞台、⑤観客の5つである。しかし増野式では観客は存在せず、代わりに助手の存在が重要になってくる。

①「主役」とはドラマの中で扱うテーマになる個人的な問題を開示し、ディレクターと共にドラマの進行を決める主演者である。

②「ディレクター」は監督とも呼ばれ、セッション全体を運営する責任者である。先ほど示した構造を守りつつ、参加者の希望を聞きながらドラマを構成し演出する。ドラマの中で参加者が新たな気づきを得て、自発性を発揮させられるようにサポートする役割を担っている。

③「補助自我」とは主役のドラマを表現するために必要な役割を演じる者である。必要な役割とは、人物だけでなく、動物や植物、家具などの物質、怒りや悲しみ喜びといった主役の感情など、さまざまなモノを含む。補助自我は主役の心の世界の中のモノを演じることよって、心の世界のあり方を明らかにするのをサポートする。

④「舞台」とはサイコドラマのセッションを行う場であり、実世界と非現実の世界の間にある「　」付きの世界である。自由で安全な世界であり、普段の社会の中での役割から解放され自己表現が可能となる場である。

⑤「助手」とは、ディレクターを補佐するスタッフで、一般の参加者には難しい役など、特別な補助自我を演じてもらうなどのさまざまな役割を担っている。増野式では、セッションが時間通りに終わるよう、時間を管理したり、参加者の話したことをメモするなどして、ディレクターの記憶やドラマ進行を補佐する。増野式では助手を置くことで、ディレクターのハードルを下げている。

ちなみに「観客」は、集団を構成する演者以外の参加者であり、演者の作り上げたドラマを外から見る人である。「これはドラマであって現実ではない」ということを保証するための存在である。しかし、増野式の場合、観客役という補助自我としてドラマに登場することはあるが、実際の観客は存在しない。

《セッションの構成》

二つ目のサイコドラマのセッションの構成は、1．ウォーミングアップ　2．アクション　3．シェアリング　4．全体感想の四つの流れになっている（ドラマによって、①主役選び　②ドラマ選択　③ドラマ　④役割解除の中の二つ～四つの流れを経る）。

さらに、アクションの中で行われる③のドラマ自体の構成が決まっており、ある程度ドラマの筋書きがある。このセッションの構成、ドラマの構成については、次の「第2章Ⅳ　増野式サイコドラマの特徴」と「第3章　増野式サイコドラマの進め方」で、詳しく見ていきたいと思う。

4．理念

増野式はサイコドラマを基礎としながらも、ある理念をもって展開されている。それは、「己を活かし、今を生きる」ということである。

サイコドラマを支える理論の背景には、自発性（Spontaneity）、役割（Role）、余剰現実（Surplus Reality）、補助自我（Auxiliary Ego）、テレ（Tele）などの考えがある。また、問題の原因となった過去へ戻って修正するという螺旋（Spiral）という理論もあるがそれは初期のサイコドラマにはなく、発展進化していく中で出てきたものである。その螺旋を除いて、増野式でも同じ考えの基にサイコドラマが行われている。増野式では過去に戻って症状の原因となった状況を修正することはせず、現在の行動や感情を重視する。当初モレノも、心理学の中で主流だったフロイトの精神分析を強く批判しており、「here and now」（過去にとらわれないで今を大事にすべきだ、というような意味）を強調した時期もあり、私はその考えを支持している。

このように増野式は問題の原因追及や解決にこだわらず、主に、楽しいこと、好きなものを表現しながら、自分自身の持っている良いところを再受容したり、自分を支えている人、物、ペット等の動物や環境、出来事などを確認するドラマを行うことで、自分の生き方を模索していくのである。私がこの考えに至るまでには、いくつかの治療法や考えに影響を受けている。

一つは、臨床心理学者であるカール・ロジャーズ（Carl Rogers）（一九〇二〜一九八七）が提唱したカウンセリングの技法である。彼は児童虐待防止協会での体験から、「心の治療にはカウンセラーの知識や権威は不要で、人間は共感的理解と無条件の肯定的関心、自己一致があれば、クライエントは自分で問題を解決して成長していく力を持っている」として、クライエントの話を傾聴することを治療の軸にした「クライエント中心療法」を創始した。その後、クライエントだけでなく、一人ひとり誰もが自己治癒力を持っているという考えに発展し、パーソンセンタードアプローチへと移行した。私はこの考えを支持すると同時に、人間は人と人が信頼し尊重し合えるグループに参加すると、参加したメンバー一人ひとりが自然に良くなっていくと考えた。そして「パーソンセンタードアプローチ」のグループ版のようなことで、「グループセンター」という考えを持つようになった。これが増野式のグループ作りのサイコドラマの基礎となっている。

次に、森田正馬（一八七四〜一九三八）が考案した「森田療法」という主に神経症を対象とした精神療法にも強く影響を受けている。森田氏は、対人恐怖症や不安神経症の人たちは、症状を治そうと努力するあまり、結果として症状を強化していると考えた。そこで、不安があってもそれを治そうとする無駄な努力をやめて不安を受け入れ、本来やるべき日常生活をするという生活指導を行うことによって、人間誰もが持っている「生の欲望」を強化し、自ら自然と治る力を引き出す療法を提唱した。これを参考に、増野式では問題解決に取り組むよりも、まず「生きること」を重視することにしたのである。

その他にも、精神分析医のディディエ・アンジュー（Didier Anzieu）の著書『分析的心理劇』に書かれていた子どもたちがごっこ遊び（ドラマ）を通して成長し、自己解決していく記録や、精神科医・八木剛平氏が提唱している、自然治癒力を高める環境や状況を作ることに焦点を置く「ネオヒポクラティズム」などの考えにも同意し、増野式に取り入れている。

しかし、これらの考えを一つの理論にまとめるのには実は矛盾がある。それは、これらの考えや治療法はそれぞれ違った論理で成り立っているからだ。

まずグループ作りから始まる増野式は、一人の主役によるドラマが、個々の自発性を発揮させるサイコドラマとはグループと個の優先順位を違えている。また古典的サイコドラマは過去の深層心理に着目するのに対して、森田療法は現在の行動に着目する。森田療法は患者に対して指示的であり、クライエント中心療法は患者に対して非指示的である。一見、これらの相反する考えを一つにまとめるのは無理があるように思える。しかし、実は、モレノ、ロジャーズ、森田、アンジュー、ネオヒポクラティズムの考えの軸となっているものは、同じ「己の中に治る力があり、それを発揮させることが治癒につながる」という考えなのだ。国や文化、思想によって得意な事柄や、重要視するものが違うので、着手する順番や各ステップにかける割合が違うだけなのである。結局は個を発揮するための準備をしているに過ぎない。島国で災害の多い日本は、厳しい自然の中で生きていくために内輪の結束が固いためか、個人の前にまず帰属するグループが重要だったように思う。ゆえに、社会に個で立ち向かう前に、安心したグループがまずは必要だと私は考えたのである。まずグループ作りをして安心を確保する（グループセンター）。不安が多く、几帳面な日本人は深層心理にこだわるより、生の欲望に着目した現実の行動に着目（森田療法）するが、依存的にならないように、自発性を発揮させる環境を整える（クライエント中心療法）、そして、己の力を信じて表現していくのである（アンジュー、ネオヒポクラティズム）。

このように、どれも自発性を発揮するための方法であり、「治る力はそれぞれが持っている」という考えが主軸になっている。増野式サイコドラマは、これらの考え方をサイコドラマに取り入れ、現実的に日本社会で活用しやすいように改良したのである。そして、それは特別な技術と知識を持った専門家だけが行うものではなく、誰もが活用することができるものを目指している。

Ⅳ　増野式サイコドラマの特徴

ここではさらに従来のサイコドラマとは違う、増野式ならではの特徴について説明していきたいと思う。詳しく説明する前に、この特徴は絶対条件ではないということを断っておきたい。つまり、現時点で増野式が大事にしていること、それらを実現するために有効だと考えているものではあるが、決して、これらをすべて満たさなければ増野式ではないというわけではない。冒頭でもお伝えしたように、実践する人たちがこれ以外の方法が必要であると感じたならば、大いに工夫して、試してみてもらいたいと思っている。

1．安心できるグループ作り

増野式では、まず安心できるグループ作りに専念する。なぜなら、グループで傷ついている人やグループが苦手な人でも参加できるようにするには、何よりも安心できる環境が必要だからだ。特に日本人は自己主張が得意ではない。自発性を発揮するために、自己を確立し主張をする経験を積まないといけない。最近の日本では一見個人主義が定着して、自己主張のできる人が増えてきているように見えるが、実はそうでもない。むしろコミュニケーション格差は広がっているのではないだろうか。現代日本では経済的格差と同様、経験の格差も進んでいるのだ。多くの出会い、多くの経験、多く人に受容されている子どもがいる一方で、家庭や各グループから外れて一人で過ごす子どもは増えてきている。そして、経験の少ないまま大人になる。そのような人たちには、何よりもまず自己を確立し、他者に受け容れてもらわなくてはならない。それには他者が必要なのだ。自分を自由に表現し、それを認めてくれる場と人を得て自己が確立されていく。そして、自分だけでなく、他者を尊重し、ありのままを受け容れることを学ぶ場が重要なのだ。その上ではじめて、他者からの影響を受けず、自ら答えを導き出す自発性を発揮できるようになるのである。

増野式では、まず「トーク&シェア」というグループワークによるグループ作りから始まる。このグループワークでは、最近身近で起こったこと、気になったことなど話したいことを話してもらい、共感したことをシェアする。「ここで話されたことは他では話さない」「話したいことを話し、誰のことも否定しない」などのルールがあり、参加者が気軽に発言できるよう配慮がされている。と同時に、まだ心の準備ができていない人、話したくない人はパスができる。つまり「話さない自由」も保障されている。

この「トーク&シェア」はサイコドラマセッションの前に、毎回必ず行われる。そうすることによって、参加者は自己表現の体験を重ねていくのである。初めはほとんど話せなかった人が、自分のことを話せるようになっていくのを私は何人も見てきた。また、人の話をきちんと聴く練習にもなる上、他者からの共感は自己肯定感にもつながる。これをくり返すことで、徐々に安心できるグループが作られていくのである。また、ディレクターは、参加者のその日の状態を把握することができる。

次にストレッチなど体を動かし、歌を歌い、参加者が得意なこと（例えば、お料理、スポーツなど）をごっこ遊びのように演じ、体を動かして体験してみる。それから「自己紹介のサイコドラマ」や「もう一つの地球」などのドラマ技法へと続いていくのである。このドラマ技法については、後半で実際のシナリオ例を挙げるので、ぜひ実践してみて欲しい。

2. 問題解決にこだわらない

古典的サイコドラマにおいては、現在の悩み（問題）から入り、それを明確化していくことで、その元となった過去の状況に戻る。そこでドラマを演じることで、悩みの原点である問題を解決して、改めて現在に戻るというプロセスを体験する。そのためには、主役の深層心理に入り込んでいかなければならない。それが古典的サイコドラマのポイントである。

しかし、増野式では問題解決にこだわらない。森田療法の考えに基づいて、問題を解決しようとすることでかえって問題を固定化させてしまうことを踏まえて、あえて問題には取り組まず、違う面にスポットを当てることで別の解決の糸口を見出すのである。と同時に、ロジャーズのクライエント中心療法やヒポクラティズムのように、人が本来持っている自らが治る力を発揮するための環境を整えることが大切であると考える。たとえ問題が解決しなくても、支え合える家族や仲間がいればいいこともあるし、問題を抱えたまま生きていく力を身に付けることもできるからである。支援者はただ当事者の治る力、生きる力を信じて、その力を発揮できるようにすれば良いのだ。

しかし、まったく問題解決のドラマを行わないわけではない。増野式は大きく分けるとグループの成熟度

（個人の成長も含む）、ディレクターの経験値によって三段階になっている。段階といっても、この三つの段階は順を追って行うだけでなく、行ったり来たりするものである。それは、人生とは常に右肩上がりに上がっていくものではなく、三歩進んで、二歩下がることもあるのと同じだ。

まずは安心できるグループを作る段階（安心できるグループに参加すること）、次に、自発性を発揮し、新たな危機に立ち向かえる自分を育む段階を経て、最後に問題の解決に取り組むのである。そして、私は生きていく上で重要なのは、問題解決ではなく、安心できるグループに所属することと、自発性を発揮してさまざまな危機に立ち向かえる自分を育てることだと思っている。安心できるグループについてはすでに述べた。では、自発性を発揮してさまざまな危機に立ち向かえる自分を育てるには何をしたら良いのだろうか？

それは、自分の良いところ、好きなもの、ポジティブな感情にスポットを当てて、楽しく、心地よい、希望が膨らんでいくようなドラマを多く経験することだ。と同時に、他者の良いところ、好きなもの、ポジティブな感情に支えられたドラマを多く体験することだ。そうすることで、自分と他者への理解と受容へとつながる。

人は多くの人や考えに触れれば触れるほど、他者への差別や偏見が少なくなっていく。この場合、どんな姿勢で人と触れ合うのか、どんなものに接触するのかが重要である。これと同じように、主体的に肯定的なドラマの中で多くのポジティブな考えの物語に触れ、経験を積むことが重要なのだ。そうすることで、私たちは危機を迎えた時に、自発性を発揮して、新しい答えを導き出す力を身に付けていくのである。

3．構成が決まっている

ここでいう構成とは主にサイコドラマのセッションの中のドラマの構成のことを指す。つまり、ドラマの流れが大まかに決まっているのだ。サイコドラマは即興で演じることを重んじたが、増野式は導入部分や判断の難しい締めくくりの部分が大まかに決まっている。なぜならば、即興でドラマを作り上げるということは、ディレクターにとっても、参加者にとっても、かなり難しいことだからである。ディレクターになるためには、それ相応の知識と技術、経験が求められる。ましてや問題解決の際に深層心理に触れるとなると、どんなハプニングが起こらないとも限らない。それらに対応できる知識と技術、経験がないと危険なのである。参加者も然りである。それ相応の経験がないと、危険な状態に巻き込まれかねない。しかし、ある程度ドラマの構成が決まっていると、ディレクターも参加者も危険を回避し、比較的容易にサイコドラマを行うことができる。

グループ作りの段階では、全員が主役になり、ドラマの展開がなく、ワンシーンで描け、それぞれの世界を共感しやすい題材を設定する。例えば、『自己紹介のサイコドラマ』では、それぞれの好きな時間、リラックスしている自分などを紹介し合い、『もう一つの地球』というドラマでは「もしも、もう一つの地球があって、何にでもなれるとしたら誰になって何をしているか?」などの問いかけに応じて、もう一つの地球で生きている自分を演じてみる。これらのドラマであれば、ディレクターの経験が浅くても定型の質問だけでドラマのワンシーンが描ける。

ドラマが大きく展開することがなくシーンを切り取っていくので深いドラマはできないが、ドラマを一つずつ終結させていく必要もないのでディレクターの難易度が下がり、ドラマの自由度が上がる。ディレクターは、展開を気にせず、それをどのようにつなげば、全体がまとまるかを考えればいいのである。

自発性を育む段階になっていくと、徐々に登場人物が増え、ドラマが展開していくので、即興でドラマを構成することが一気に難しくなってくる。そこで、増野式ではドラマの設定、導入部分、ドラマ展開のポイント、締めくくりなどの流れと、ディレクターが行うポイントとなる質問のセリフを大まかに決めてある。まずは深層心理に迷い込まないように、前段階でやったような「好きなこと」「やりたいこと」などのポジティブな題材を設定する。その上で、定型の質問を基に登場人物を増やし、ドラマを展開させていく。実際にどの程度、構成が決まっているか、『魔法のランプ』というドラマ技法を例にドラマの構成を見てみよう。

①　ディレクターが、「ここに魔法のランプがあります。これをこすると魔人が出てきて望みを叶えてくれます。叶えたい望みがある人はいますか?」と、主役を募集する（時間がある場合は全員が主役をするので、その場合は順番だけを決める）。
②　主役が決まったら、主役を演じる人が魔人を呼び出す。
③　魔人（ディレクター）が「ご主人様、何か御用ですか?」と主役の希望を聞き、主役は希望を述べる。
④　魔人は主役に参加者の中から補助自我を指名してもらい、補助自我と一緒に主役の望むドラマを作り出す。
⑤　主役がドラマの体験を終えたら、次の主役の演者にランプを渡す。
⑥　①～⑤を繰り返して、希望者全員が主役体験をする。

これを見て、決められている部分が少ないと思う人がいるかもしれないが、決め事が多いのもまたドラマを作っていく上で障害になるので、この段階ではこの程度の構成が決まっているのがいいと思われる。

問題解決のドラマでも然り、ある程度の構成が決まっている。しかし、やはり問題解決のドラマを行うとなると、構成が決まっているからといって、誰でもできるものではない。これにはディレクター、助手共に、一定の知識と技術、経験が必要となってくる。

このように、増野式では段階によって決められた構成の度合いは違っているものの、すべてのドラマの構成が決まっている。

4．できるだけ多くの人が主役体験をする

自発性を発揮するために求められるのは、本人が自分の表現したいことを安心して表現できる環境である。しかしそういった環境を確保するのはとても難しい。ましてや医療の現場ともなると、一人のカウンセラーが一人のクライエントの話を聴くだけでも時間がかかるのに、多くの人が一人の人のためにサポートする状況を設定するのはさらに難しい。そこでお互いを支え合うグループワークが必要になる。グループワークでは各自が表現したものを、その他の参加した人たちが受け入れることで効果を高めている。増野式も然りである。サイコドラマでは、一人の主役に多くのサポーターが必要だが、増野式では一度のセッションで全員が代わる代わる主役を演じる（または多くの場合で複数の人が主役を演じる）ので、一度に多くの人がサポートを受けることができる。他者が主役を演じている間はサポートをする側に回るので、参加者全員が問題を抱えた当事者であると同時に、サポーターとなるのである。人数が多くなると、主役を体験する時間は短くなる。また、主役の精神的な負担も少なくできるので気軽に取り組むことができる。

森田療法の考えの中に「頓悟よりも漸悟」という言葉がある。一つの物事に集中し深く向き合うばかりが良いとは限らない。つまり、「大きな悟りではなく、小さな悟りの積み重ねが大事だ」という考え方である。それは、やむを得ないことでも、悪いこともない。

私の好きな映画で『グランド・ホテル』という群像劇がある。グランド・ホテルに泊まり合わせたさまざまな人たちのそれぞれの人生模様が同時進行で繰り広げられていき、登場するすべての人物が全員主役の映画だ。それに倣って、増野式では、「我々は地球という大きなホテルの宿泊人である」と考え、全員が順番に主

役になり、それぞれの世界をワンシーンで描くグランド・ホテル形式のドラマを中心に行っている。テーマは「生きる」という大きな枠組みになる。地球を舞台にして、各人がそれぞれ違った生き方をしている。その中で自分の表現したいことが表現できると同時に、お互いを理解することで何かが生まれてくるのである。

5．観客がいない

全員が主役を演じるということと同様に重要なことがある。それは主役を演じていない時は全員が補助自我として参加をして一つの世界に入ることである。つまり、そこには観客がいないということだ。モレノをはじめとするサイコドラマティストは、サイコドラマの構成要素の一つに「観客」を入れている。それは、観客こそがドラマをドラマとして定義づけている存在だからである。「これは現実ではない。ドラマなのだ」と保証するのが「観客」なのである。

しかし、アンジューの子どもを対象とした心理劇では、観客を置かない。なぜならば、子どもが観客の役割を演じられないからである。自分の病気を治すために、他人のドラマを見ることができるようになるには、それだけの自我の成長が必要になる。そのドラマに関心を持って、そこに、自分の代わりに演じる人を見ることができないといけない。観客の役割を担うには、自分に代わって舞台で演じる人への共感が必要なのだが、子どもにはそれができない。しかし、「ごっこ遊び」をしている子どもたちは、共感はできなくても、ごっこ遊びが現実と違うことは知っている。その上で主人公になりきって一つの世界を作り出しているのである。子どもにとっては、ドラマは見るものではなく、自分自身が演じることに意味がある。これは病気を認めるのに抵抗がある精神疾患を抱える人たちや自我が弱い人たちにも同じことが言える。まずは自己を確立し、表現をする楽しみを体験することが重要なのだ。グループ体験が少ない、グループが苦手な人たちも、他人への共感の前に、自分をごっこ遊びの主人公にして、自分を表現する術や楽しさを存分に知って欲しい。したがって、増野式では観客はいない。

観客がいないもう一つの理由は、一般的に観客はドラマを「評価する立場」にあるからだ。サイコドラマではドラマ終了後に参加者が感じたことをシェアする時間があるが、時にはシェアするだけでなく批判につながる可能性がある。シェアだけを行うようにと最初に伝えるのだが、中には批判的な人たちも出てくる。ザーカ・モレノのサイコドラマを日本で開催した時に、彼女のドラマに感動する人が多くいた一方で、「あのような自分をさらけ出すドラマはとてもできない」と批判的な人たちもいた。たとえ面と向かって発言はしなくても、このようにドラマを評価する人の存在は大きいのである。観客がいるとその観客の反応を気にしながら演じることになり、さらに、終了後の評価に傷つくこともある。しかし、観客がいないということは、観客の評価を気にすることなく、自由に表現することができる。鑑賞に堪えうる作品にする必要がないので、演技が下手であろうが、動きがぎこちなかろうが構わない。全員が自分のドラマを表現することに集中できる。そして、主役にとっては、多くの人が観客のためではなく、自分のために協力して演じてくれるということが大きな救いになる。そして、救いを得て主役を演じた人物は、次のドラマでは補助自我になり、次の主役の人を支えていくのである。

6. イマジネーションを用いてさまざまな疑似体験をする

危機は思いもよらないところからやってくる。そしてその危機を乗り越えるのに今までのやり方が通用しなかった時、自発性を発揮して、新しい危機の乗り越え方を見つけ出していく、と繰り返し書いてきた。その新しい方法を導き出すためには、自由な発想が必要である。

しかし、何もないところから、何かを見つけ出すことはできない。言葉を知らずして、新しいセリフを口にすることはできないのだ。今までとは違う答えを導き出すためには、多くの経験、さまざまな発想、自分とは違う人との出会いが必要なのである。しかし、家族やグループでの経験が少ない人は多くいる。先にも述べたように、生まれ持った身体的、精神的能力だけでなく、家庭環境、経済的要素などによって、巡り会える人、経験できる事柄には大きな差が生じる。例えば、経済的に余裕のある人は、望めば日替わりで世界中の料理を楽しむことができるが、経済的余裕がない人々はそれができない。毎日違うお稽古に通う子もいれば、家でゲームをするしかない子もいるだろう。残念なことに、今の社会は経済的格差が、経験格差、コミュニケーション格差に直結しやすいのである。

しかし、悲観することはない。私たち人間は想像する能力（イマジネーション）を持っている。そしてサイコドラマは想像をドラマに変え、疑似体験できる場を作ることができるのである。

個人でイマジネーションを働かせることも大切だが、グループの力を借りてドラマにすることで、それは単なる想像から「体験」になる。みんなでジェットコースターに乗った楽しさや、山登りをして頂上から眺めた景色の美しさ、大きな鍋いっぱいに煮られた玉こんにゃくをみんなで食べたその美味しさは、サイコドラマに参加した人にとっては、「経験」となるのである。全員が主役を演じれば参加者の数だけのドラマが展開し、経験もそれだけ増えることになる。

補助自我のサポートを受け、イマジネーションを用いれば、イマジネーションがイマジネーションを呼び、より自由に、安心して多くの経験、出会いができるであろう。それが自発性を育み、現実の経験に活かされるのである。

それは、一般の人にとっても貴重であるが、心の病を抱え社会的体験が少なくなっている人には、特に貴重な時間となる。先に紹介した、「もう一つの地球」というドラマでは、鳥や動物にもなれるし、オペラ歌手やスポーツ選手にもなれる。そこでは、さまざまな人生が展開されることになる。これらはイマジネーションを用いれば可能なのである。このような疑似体験を馬鹿らしく思う人もいるだろう。しかしこのような子どもの頃にやった「ごっこ遊び」の中に実は生きる力、問題を解決する力が隠されているのだ。大人になってマンネリ化した社会的役割から解放され、すべての可能性を否定しない、そんな自由な発想にこそ新しい解決方法を見出すヒントがあるのだ。

7．歌やダンスを活用する

増野式では歌やダンスを活用するが、それにはいくつか理由がある。それらを一つずつ見ていきたいと思う。

⑴ウォーミングアップ、クールダウン

セッションを始める前、誰もが少し緊張している。いきなりセリフを言ったり、大きな身振り手振りを使った演技をしたりするのは少し抵抗があるかもしれない。そんな時に、歌やダンスがウォーミングアップの役割を果たす。一般的な演劇では、発声練習や身体訓練を行うが、その代わりになると言っていいだろう。明るい歌を歌うことで、気分を高揚させることもできる。また、同じ動作をすると親近感が湧くというミラー効果のように、同じ歌、同じ振りで踊ることで一体感を得ることもできるだろう。

ドラマが終了して現実世界へ戻る時には、歌を歌うことでドラマのエンディングのような効果もある。こうすることで、ドラマの世界とは違う現実世界へと戻っていく準備をすることができる。

⑵非言語能力を活性化させる

人間の脳は右脳と左脳があり、一般的に左脳は言語能力をつかさどっており、右脳は主に空間認知などをつかさどっていると言われている。現代社会では言葉を多用しており、思考、行動、コミュニケーションの大半は言葉を使用している。つまり左脳優位で生活していることが多い。カウンセリングなどでも言葉を使用しているので、どうしても左脳ばかりを使うことになる。右脳は言語化されない無意識の領域、芸術や身体的感覚、その他、さまざまなものと関係していて、この非言語的な右脳の活性化こそが、自発性を発揮させる大きな手がかりになるのではないだろうか。そこで音楽だ。音楽には右脳を活性化させるスイッチのようなものがあるのではないかと、私は考えている。とはいえ、私は脳科学は専門ではないので、確固とした科学的根拠があるわけではなく、これはあくまでも私の経験から生まれた持論である。

⑶気分や場面の転換、演出効果による表現のサポート

音楽には場面を一新したり、雰囲気を盛り上げる効果がある。あるセッションで、暗い話が続き、全体が重苦しい雰囲気に支配された。その後の歌の時間に、「おお牧場はみどり」を提案した人があり、みんなで大きな声で歌った。すると次第にみんなの表情が明るくなり、歌い終わった時には全員が晴れ晴れとした表情になっていたのである。言葉ではこうはいかない。暗い雰囲気になった時に、最後に明るい曲を歌ったり流して踊ったりすることで雰囲気が一新されることは多い。

いくつものドラマをつなぎ合わせていく時、ドラマの場面にふさわしい音楽を流すことで、次のドラマの世界へ入りやすくなる効果もある。例えば、雪山登山からハワイの海岸へ移る時に、ディレクターの言葉だけではなく、ハワイアンミュージックを流すなどすると、あたり一面の銀世界は一瞬で消え、常夏の海岸が目の

前に広がるだろう。また、主役の人が好きな音楽を流すとか、みんなで歌い雰囲気を盛り上げることで、気持ちも大きく影響され、表現の苦手な人をサポートしてくれる。音楽がイマジネーションを活性化させる作用があるのである。しかし、多用し過ぎると、音楽のイメージに引きずられて、かえって発想が乏しくなり、パターン化しやすくなるので気を付けないといけない。

⑷ドラマを構成しやすい

サイコドラマで最も難しいのがドラマの構成である。観客がいないので劇的な展開や、感動的な演出は必要ないが、それでも一つのドラマとしてのまとまりはディレクターとしても、演者としても欲しいところである。その方が心に残るからである。また、歌やダンスは物語の展開に役立つ。なぜかと言うとショー形式にすることで、物語の統一性をあまり考えないでも物語のワンシーンを切り取ることが可能になるからである。したがってディレクターが物語をつなげていくのに、あまり筋立てを考えずにまとめることができる。

こうして増野式サイコドラマの特徴について考えてみると、サイコドラマを必要としている人が活用しやすいように、または、必要としている人に届くように工夫してきた試行錯誤の歴史だったように思う。医師や特別な訓練を受けた一部の人間だけが使える治療法ではなく、多くの人が生活の身近な場で、支え合いながら治る力を発揮し、幸せを模索し、人生をより豊かにしていかれるようにすること、それが増野式サイコドラマの特徴なのである。

第3章　増野式サイコドラマの進め方

I　セッションを始める前に

この章では、これから増野式サイコドラマのディレクターに初めて挑戦する人やグループを持とうとしている人が、実際にディレクターとしてグループを運営できるように、セッションの企画の仕方やセッションの進め方を、具体的に例を示して説明していきたいと思う。

サイコドラマというグループワークを始めるにあたって、グループによってそれぞれの目的や条件が異なるだろう。サイコドラマを長年学んできて、初めてグループを作ろうとしている人もいれば、すでに行っているグループワークにサイコドラマを取り入れてみようと思っている人もいるだろう。はたまた、サイコドラマを学ぶ目的でグループを作ることもあると思う。このように、サイコドラマを行うと言ってもいろいろだ。また、連続で行われるもの、一度きりのワークショップなどの違いもある。そこで、サイコドラマのグループワークを行う前に、グループの目的と構造を確認し、セッションを企画する準備をしておくとよいだろう。

1．グループの構造と目的を確認する。

構造を思い出してみよう。構造には時間、空間、人の、三つの構造がある。この構造を念頭において、これから始めるサイコドラマが、「いつ（①時間と頻度、期間）、どこ（②会場）で、誰（③ディレクター、助手と④参加者）が、⑤何のために、サイコドラマを行うのか？」を確認する。主催者とグループを運営するディレクターが別の場合は、その調整も念頭に入れておく。

2．セッションのスケジューリングをする。

目的⑤と構造上①②③④の中で決まっている条件によって、どんなドラマ技法をどの程度の時間をかけて行うか、「グループの成熟度とディレクターの経験値」の表を参考に、セッションを大まかにスケジューリングする。

3．グループの成熟度に合わせて、セッションの内容を調整していく。

連続して行うサイコドラマでは、回数を重ねるごとに、グループの成熟度が増してきて、信頼のできるグループへと成長していく。さらにグループが成長してくることで、個人が自発性を発揮できるようになる。そのグループと個人の成長の度合いに合わせてセッションの内容を調整していく。

4．グループの成長、個人の成長に合わせて、再度、目的を確認する。

グループの成熟度が増してくると、個人は自発性を発揮するようになってくる。しかし、この自発性には個人差があるので、グループの目的が変わってくることがある。その時は参加者の意見を聞きながら、目的を確認する。グループを継続する場合は、半年、一年などのセッションのクールを目安に目的の変更、確認を行うといいだろう。

Ⅱ　セッションの進め方

実際に増野式サイコドラマを行う際には、セッションの構成（ウォーミングアップ、アクション、シェアリング、全体感想）に加え、セッションの初回にオリエンテーション、セッション終了後にスタッフだけで行うレビューがあり、ディレクターによって進行される。

グループの構造や目的によって、このセッションの進行に違いはないが、各工程に割かれる時間は変わってくる。ここでは一般的な継続して行われるクローズドグループ（六〇～一八〇分）を想定して簡単な手順と共に押さえておきたいと思う。なお、制限時間や、対象者、目的などによって時間配分は変わるので幅を持たせて表記した。長時間のセッションでは、適宜休憩も必要だろう。参考にしてほしい。

オリエンテーション（五分～一〇分）

⇩

ウォーミングアップ（二〇分～六〇分）

・トーク＆シェア
・体を動かす
・歌を歌う

⇩

アクション　（二〇分〜九〇分）

・ドラマ選択
・主役選択
・ドラマ
・役割解除

⇐

シェアリング　（五分〜三〇分）

⇐

全体の感想（シュークリームタイム）　（一〇分〜三〇分）

0. オリエンテーション

オリエンテーションは、参加者が安心して参加できるように、スタッフの紹介、この場でのルール、セッションの内容などを説明するための時間である。

セッションの時間をどのように過ごすのか、目的は何なのか、ディレクターと助手の役割や、参加のルールなどを説明する。

［手順］

① 椅子を車座に並べ、参加者全員に座ってもらう。ディレクターの隣に助手１（書記）、向かいに助手２（タイムキーパー）が座る。*図①参照

② スタッフ（ディレクター、助手）の紹介と、スタッフの役割を説明する。

③ セッションの目的、全体の流れを説明し、休憩や終了時間を確認する。

④ 参加のルールの説明をする。

・守秘義務。この場で出された話、行ったドラマの内容は外で話さない。

・記録やメモを取らない（助手や研修などで了解を取って行う場合は例外）。

・具合が悪くなったら、そのことを告げて休むこともできる。あるいは、困ることがあったら申し出る（セッション終了後も同様）。

⑤ その他、グループごとの注意事項などがあれば、この段階で伝えておく。

［ポイント］

・オリエンテーションは、連続して行うサイコドラマの場合、二回目以降は一部省略しても構わないが、初心者がいる場合は、慣れるまではその都度確認するといい。

1．ウォーミングアップ

ウォーミングアップは、参加者同士の理解を深めて、自分のことを安心して話せる場を作るための時間である。と同時に、日常の空間とドラマというもう一つの世界（Surplus Reality）の橋渡しでもある。

「トーク&シェア」を行い、その後、体を動かしたり、歌を歌うなどし、心と体をほぐしていく。

《トーク&シェア》

言葉による自己表現の場。

参加者が話したいことを話し、人の話したことをよく聴き、その中で自分が共感したことなどを話す。

[手順]

① トーク&シェアの説明をする。

・一巡目は自分の今話したいことを話してもらう。(トーク)

・二巡目は他の人が話した話で共感したことや関連したことを話してもらう(シェア)。

② ルールの説明をする。

・この場で出た話は口外しない(守秘義務の遵守)。

・決められた時間内で話す。

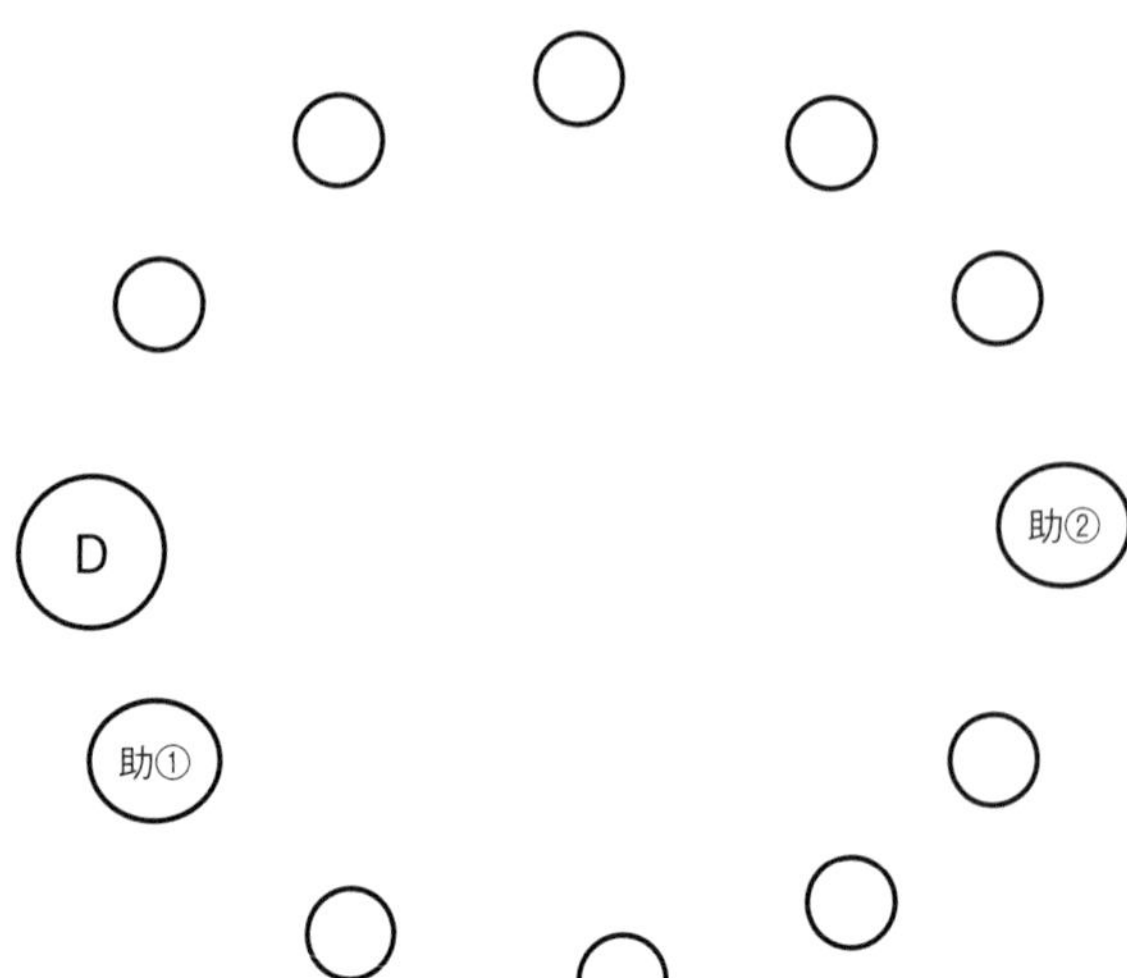

図①

・一人ずつ順番に話し、他の人が話している最中に口を挟まない。
・他の人の話題に介入（評価、批判、アドバイスなど）しない。
・話したいことが思い浮かばなければ、一巡目はパスできる。

③　車座に座ったまま、一方向に順に話したいことを話してもらう。

④　全員話し終わったら、他の人の話を聞いて共感したことや、関連して思い出したことを一方向（二巡目）に順に話して（シェアして）もらう。

［ポイント］

・次のアクションの際に、トーク＆シェアで話された内容やメンバーの様子を踏まえて、テーマやドラマ技法を選択するので、ディレクターはそれを念頭においておく。
・一巡目にパスした人にも、二巡目には話してもらうようにする。

《体を動かす》

ドラマへの導入。体を動かして表現をすることで演じることへの抵抗感を下げる。ストレッチなどをしながら、体の緊張をほぐし、言語思考から身体感覚へ切り替える。

［手順］

① 体を動かす意図を説明する。

② ディレクターが首を回す、伸びをするなどのデモンストレーションを行い、参加者にも続いて同じ動きをしてもらう。

③ ディレクターは次の人を指名し、指名された人はストレッチを提案し、他の人は同様のストレッチを行う。

④ 終わったら次の人を指名してもらい、これを順番に全員行う（ストレッチのリレー）。

［ポイント］

グループの対象や目的によって、体を使ったウォーミングアップと、歌を使ったウォーミングアップは、順番を入れ替えてもよい。

《歌を歌う》

歌いたい歌を歌い、歌について語ることで、心の中の思いを引き出す。

参加者に今歌いたい歌を挙げてもらい、全員で一緒に歌う。

［手順］

①　今、歌いたい（聴きたい）歌の曲名を各自一曲ずつ言ってもらう。
②　その中から希望の多かった曲を二、三曲みんなで歌う。
③　一巡して曲がしぼりこめない場合は、出された曲の中で賛同する人の多かった歌を中心にディレクターが選択した曲を一～三曲決め、みんなで歌う（聴く）。

［ポイント］

・歌える歌かどうかではなく、純な心でその場でふと思い浮かんだ曲名を挙げてもらうことが大事。
・なぜその歌を選んだのか理由を聞いておくと、その人の理解やドラマ作りに役に立つ。

【注意事項】

・参加者の様子（体調が悪そうな人や緊張している人がいないかなど）を把握する。
・参加者が怪我をしないよう配慮する。急に激しい運動をしたり、会場を走り回ったりさせない。
・高齢者、体が不自由な人が参加する場合は、椅子に座ったまま行ってもらうなど配慮し、無理のない範囲で行うよう声かけをする。

2. アクション

アクションとはセッションの中核の部分である。
ドラマ選択、主役選択、ドラマ、役割解除の四つの流れがある。

《ドラマ選択》

グループの目的、参加者、グループの段階に合わせてドラマ技法の選択する。

［手順］

① 参加者にどのようなドラマをやりたいかを尋ねる。

② 候補がいくつか出たところで、再度、参加者の意見を聞く。

③ セッションの時間を考慮して、行うドラマ技法（一〜三個）と順番を決める。

［ポイント］

・トーク&シェアで出た話題などをヒントにドラマ技法を選択すると、その時のグループに合ったドラマを選択できる。

・グループの参加者や目的によってドラマ選択と主役選択の順番を入れ替えても良い。

《主役選択》

主役の選択を行う。

全員主役のドラマの場合は、演じる順番を決める。

［手順］

① 主役希望者を募る。

②　希望者に、希望理由を語ってもらう。
③　希望者が複数いる場合は、グループの意見を聞いてディレクターが主役を決める。
④　グループ全体に、主役決定の承認を得る。

《ドラマ》

いわゆるサイコドラマと言われる個人的なテーマを演じるセッション。
ドラマには大きく分けて、全員主役のドラマと、主役が一人のドラマの二つがある。

【全員主役のドラマの場合】

（ドラマ技法例①「自己紹介のサイコドラマ」69ページ、ドラマ技法例②「もう一つの地球」80ページ参照）

［手順］

①　ドラマの設定を伝える。
②　主役を演じる順に、ドラマ技法に沿ってインタビューをしながらドラマを作っていく。
③　一つドラマが完成したら、次の主役に交替し、順々にこれを繰り返し、全員のドラマを行う。

【主役が一人のドラマの場合】（ドラマ技法例③「思い出図書館」91ページ参照）

［手順］

①　ドラマの設定を伝える。

②　①主役にインタビューをしながら、ドラマ技法にそって、ドラマの場面設定、必要な補助自我の選択をし、インタビュー、役割交換を繰り返してドラマを作っていく。新しい補助自我が必要になればその都度主役に参加者の中から選んでもらい、全員でドラマを作りあげる。

③　主役にドラマを終結してよいか確認し、ドラマを終了する。

［ポイント］

・ドラマが主役のイメージや意図から外れていないか、確認を取りながら進めていく。

・全員が何らかの役につけるよう、ディレクターは目配りし、配役していく。

《役割解除》

演じていた補助自我の役割を解除して現実の人物に戻す。ドラマの終結を意味する。

［手順］

①　主役に、補助自我を演じてくれた人の前に行き、「あなたは○○（役名）さんではありません、Aさん（その人のグループでの呼び名、本名など）に戻ってください」と言って、ドラマで演じた役割を

解除し、本人に戻すよう指示する（役割解除）。

② 主役に、補助自我にお礼を言って次の補助自我の役割を解くように促す。

② 全員の役割解除ができたら、ドラマの終結を宣言する。

［ポイント］

・全員主役のドラマでは役割解除は行わなくてもよい。しかし、演者から役割解除を求められた場合は行うこともある。

・演じた役割（ロール）のまま感じたことを発言したいと言う人がいたら、役割を解除する前に、ロールフィードバック（役を演じる中で役として感じたことを言う）をしてもらうこともある。補助自我が役の中で感じたことを述べることが、課題の理解に役立つこともある。

3．シェアリング

シェアリングとは、ドラマのまとめである。

参加者にドラマを演じた感想、ドラマを観て共感したこと、自分自身の持っている課題や気づいたことなどをシェアしてもらう。そうすることで、課題が整理されたり、新たな課題が見つかったりする。また主役は、自分一人ではなく皆も同じような体験をしていることがわかり安心する。

【全員主役のドラマの場合】

［手順］

① ドラマが終了したら、椅子をもとの車座に戻し、全員着席してもらう。

② 主役を演じた順番に、全員に主役や補助自我を演じた立場での感想を語ってもらう。

【主役が一人のドラマの場合】

［手順］

① ドラマが終了したら、椅子を半円形状にし、主役以外全員着席してもらう。みんなの見える位置に椅子を三つ並べ、真ん中に主役、その隣にディレクターが座り、反対側の隣の椅子は空席にしておく。

② 主役にドラマを終えての感想を聞く。

③ 主役以外の参加者に、シェアしたいことがないかと尋ね、シェアしたいことがある人は、主役の隣の空席に座って話すように促す。

④ 話したい人が順々に空席に座って感想や感じたこと、共感したことを話していく。

⑤ 話したい人が一通り話し終わったら、主役に感想を聞いて終える。

［ポイント］

・ドラマの評価、解説にならないように気を付ける。

・褒めることもまた評価となるので気を付ける。

・感想が誰からも出てこない時には、ディレクターの方から、重要な役を演じた人に声をかけたり、助手に最初にモデルとしてやってもらうといい。誰かがシェアをすると他の人も続くことが多い。

4．全体の感想（シュークリームタイム）

各ドラマの終結とは別に、ウォーミングアップからシェアリングまでのすべてのセッションの終結を確認する作業が「全体の感想」であり、サイコドラマの世界から、現実の世界へ戻っていく時間でもある。シェアリングに引き続いて、その日のセッションを振り返って感じたことや感想を話してもらい、セッションを終了する。シェアリングの時に言い足りなかったことを言ってもらうこともある。

［手順］

① 参加者全員に、その日のセッション全体を振り返って感想を話してもらう。
② 感想用紙やアンケート用紙がある場合は、ここで書いてもらう。

［ポイント］

・他者やドラマの評価にならないよう気を配る。
・長時間のセッションで参加者は疲労しているので、甘いものを食べながら話すと、ほっとし、シェアリングで話せなかったことも話せたりするようで、ひと味違う感想も出てきたりする。ちなみに、私はシュークリームを出すことにしていて、この時間を「シュークリームタイム」と呼んでいる。
・ディレクター各自の個性でセッションを締めくくるといいだろう。

5. レビュー

レビューとは、セッション終了後にディレクターや助手などのスタッフが行う反省会である。特に研修としてサイコドラマが行われた場合には「レビュー」が必要である。セッション中に起きたトラブルの検証や、ドラマの進め方、時間や目標の修正などについて話し合う。

ここまでサイコドラマの進め方を紹介してきたが、2. アクションは、グループの目的やグループの成熟度、ディレクターの経験値によって、内容が大きく変わってくる。例えば、ドラマ選択では、参加者から希望が出てこなかった場合や、現グループでは演じるのが難しいドラマ技法が希望に上がった時は、ディレクターがドラマ技法を提案したり、参加者の中に解決したい課題を持って参加した者がいた場合は、他の参加者の承諾を得て、課題に合ったドラマを選択することもある。また、増野式の場合は全員主役のドラマが多いため行わないことも多いが、グループが成熟してくると、問題解決のドラマを行う場合もあり、その際は、主役の選択を行うこともある。主役選択にはいくつもやり方があり、主役を希望する理由を語らせた時、熱心に語っている者、緊急性があると感じられた者を主役に選ぶこともあれば、参加者の共感の多かった者を主役に選ぶこともある。

このように、ドラマ選択や主役選択は、その場その場でのディレクターの裁量で行われることが多く、それらをすべてここで紹介することはできない。しかし、次の「Ⅲ　増野式サイコドラマ・ドラマ技法例」に記したドラマを繰り返し経験することで、場に合った運営ができるようになってくるだろう。また、他のグループのサイコドラマに参加し、多様なドラマを経験することで、自ずとそれぞれのドラマの進め方ができるようになり、自発性を働かせて、皆さんのそれぞれのサイコドラマを展開させることができるだろう。

Ⅲ　増野式サイコドラマ・ドラマ技法例

ここまで増野式サイコドラマのセッションの企画の仕方や進め方などを見てきたが、実際のセッションがどんなものなのか想像しにくいのではないだろうか。そこで、少しでもイメージしてもらえるように、ドラマ技法をいくつか紹介したいと思う。

紹介するにあたって、実際に増野式サイコドラマを行えるように、ディレクターのアクションを中心にセッションの工程を示し、ドラマのシナリオのように書き記してみた。①、②、……と、数字で書かれているアクションがそれである。ドラマ技法例③の「思い出図書館」は難易度が高いため、初心者向けに、アクションごとに簡単な解説と、さらに細かいディレクターの手順を★印で示した。しかし、技法例に書かれている登場人物の台詞は決して決まっているものではない。実際にセッションを行う際は、ディレクターの台詞は主旨が同じであれば、文言は違っていて構わない。主役、補助自我を演じる参加者の台詞に関しては、その場、その場で各々が即興で作っていく。即興で作るのが難しい場合は、その都度、ディレクターがサポートして作り上げていく。そのことを念頭に置いて、技法例を読み進めて欲しい。

1．ドラマ技法例①『自己紹介のサイコドラマ～いきいきとしている自分』

［目的］

各自が自己紹介を通して自分のプラス面に目を向ける。

参加者同士が相互の理解を深め、共感を通して信頼関係を築く。

［ドラマの形式］
参加者全員が主役のグランド・ホテル形式のドラマ。

［ドラマの内容］
会場全体を日本地図（または地球）に見立て、参加者が各々の場所で「いきいきと活動している時の自分」を紹介する自己紹介のドラマ。

［登場人物］ 6〜15人
活き活きと活動している人（主役）……サイコドラマ参加全員（助手も含む）
*主役は順番に演じていく。

［ドラマ］

① ドラマの説明をする。
参加者と助手は車座になる。
ディレクター（＝D）車座の中央に立つ。図A①

D　「これから皆さんと一緒に作っていくドラマは、自己紹介のドラマです。私が皆さんに質問をしていきますので、皆さん、自分が活動的に何かに取り組んでいていきいきとしている時、楽しんでいる時のことを演じながら紹介してください。例えば、『私は料理人です。お店の厨房で料理をしています。（包丁で何かを刻んでいる演技をする）』といった具合です。さて、皆さんは、どこにいて、何をやっている時、自分がいきいきとしていると感じますか？」

② 参加者一人ひとりに、どこで何をしているかを尋ねていく。

ディレクター、参加者の一人に近づき、「場所はどこか？」「何をしているところか？」と尋ねる。図A②

D　「どなたか自己紹介をしてくれる方はいませんか？」

小林　「（手を挙げる）」

D　「（小林さんの近くへ行き）小林

図A①

さん、あなたは今どこにいますか？」

小林「私の職場の保育園にいます」

D「その保育園はどこにありますか？」

小林「八王子です」

③ 会場を地図に見立て、質問の答えに合わせて移動してもらい、何をしているのか具体的な場面が浮かぶよう質問を続ける。

D「（ある場所を八王子に見立てて示す）八王子はこの辺にしましょう。小林さん、椅子を持って移動してください」

小林「（自分の椅子を持って移動する）」

図A③

D「（小林さんと一緒に八王子に移動

小林
D

図A②

して）何をしているところですか？」

小林　「子どもたちに絵本の読み聞かせをしているところです」

ディレクターは、「どんな絵本を読んでいますか？」「子どもたちの様子はいかがですか？」など、具体的にその場面が目に浮かぶように、質問を重ねていく。

④　実際に、参加者にその場面を演じてもらう。

Ｄ　「やってみせてもらえますか？」

小林　「（椅子に座って子どもたちに読み聞かせをしている様子を演じる）おむすびころりん、ころりんこ」

Ｄ　「今どんな気持ちですか？」

小林　「子どもたちが興味を持ってお話を

図Ａ③

聞いてくれるのが、嬉しいです」

D　「ありがとうございました」

⑤　次の人のところへ行き、②〜④を繰り返す。

D　「小林さんは子どもたちと楽しい世界を作っていましたね。では、次に思いついた方は？」

山本　「（手を挙げる）」

D　「では次は、山本さんを訪ねてみましょう」

D　「（山本さんのところへ行く）山本さん、こんにちは。ここはどこですか？」図A④

山本　「ここは大学のサークル会館のサークル室です」

D　「場所はどこにありますか？」

山本　「京都です」

D　「京都はこの辺にしましょう（移動場所を示す）。椅子を持って移動してください」

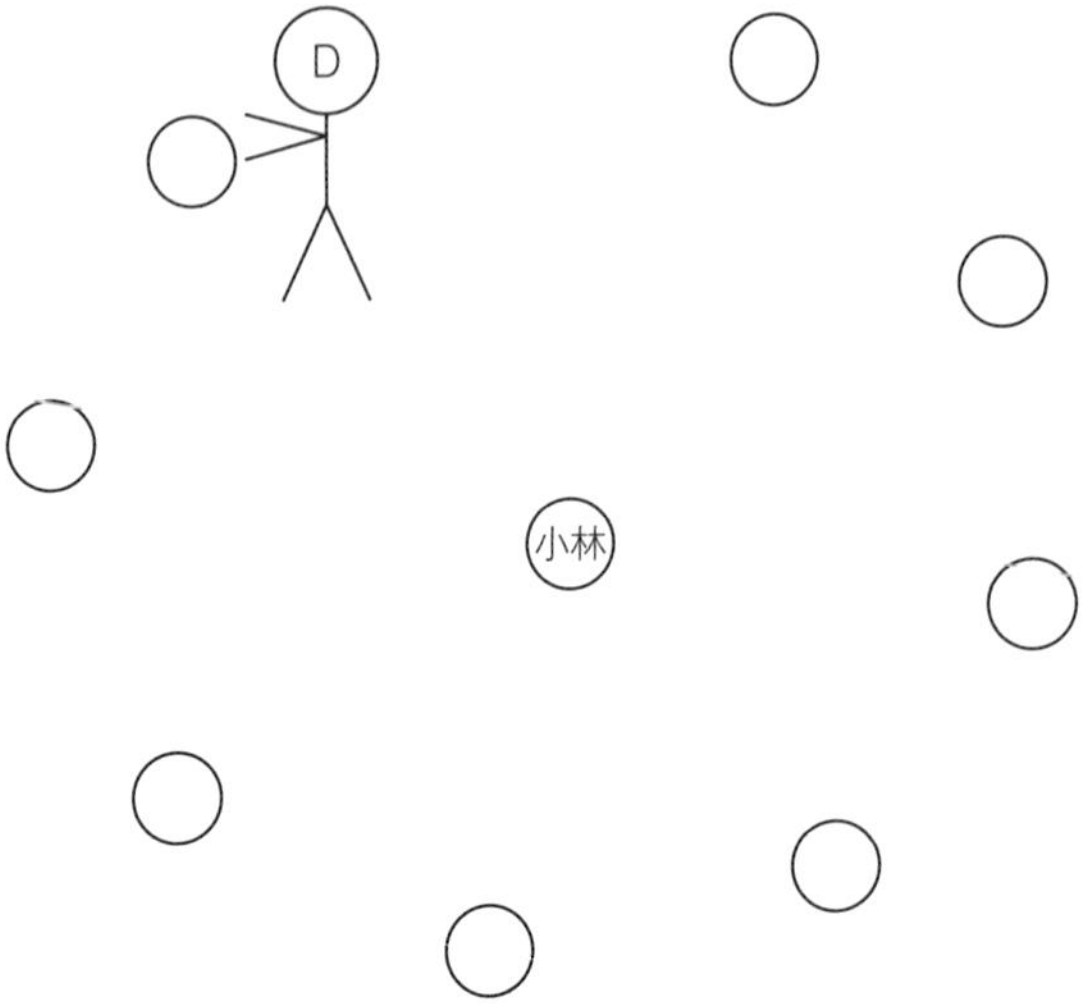

D

小林

図A④

山本　「（自分の椅子を持って移動する）」図A⑤

D　「（山本さんと一緒に京都へ移動して）何のサークルですか？」

山本　「映画同好会です」

D　「今日は何をしているのですか？」

山本　「これから撮る映画について、みんなで議論しています」

D　「部員は何人くらいいますか？」

山本　「部員は一〇人です」

D　「今どんな気持ちですか？　表現してみてください」

山本　「（両手を胸に当て、笑顔で周囲を見渡して）ワクワクしています。みんな自分の意見を真剣にぶつけ合って、いい映画ができそうだわ」

D　「出来上がったら観てみたいですね。では、次は（田中さんが挙手しているのを見て）田中さんのところへ行ってみましょう」

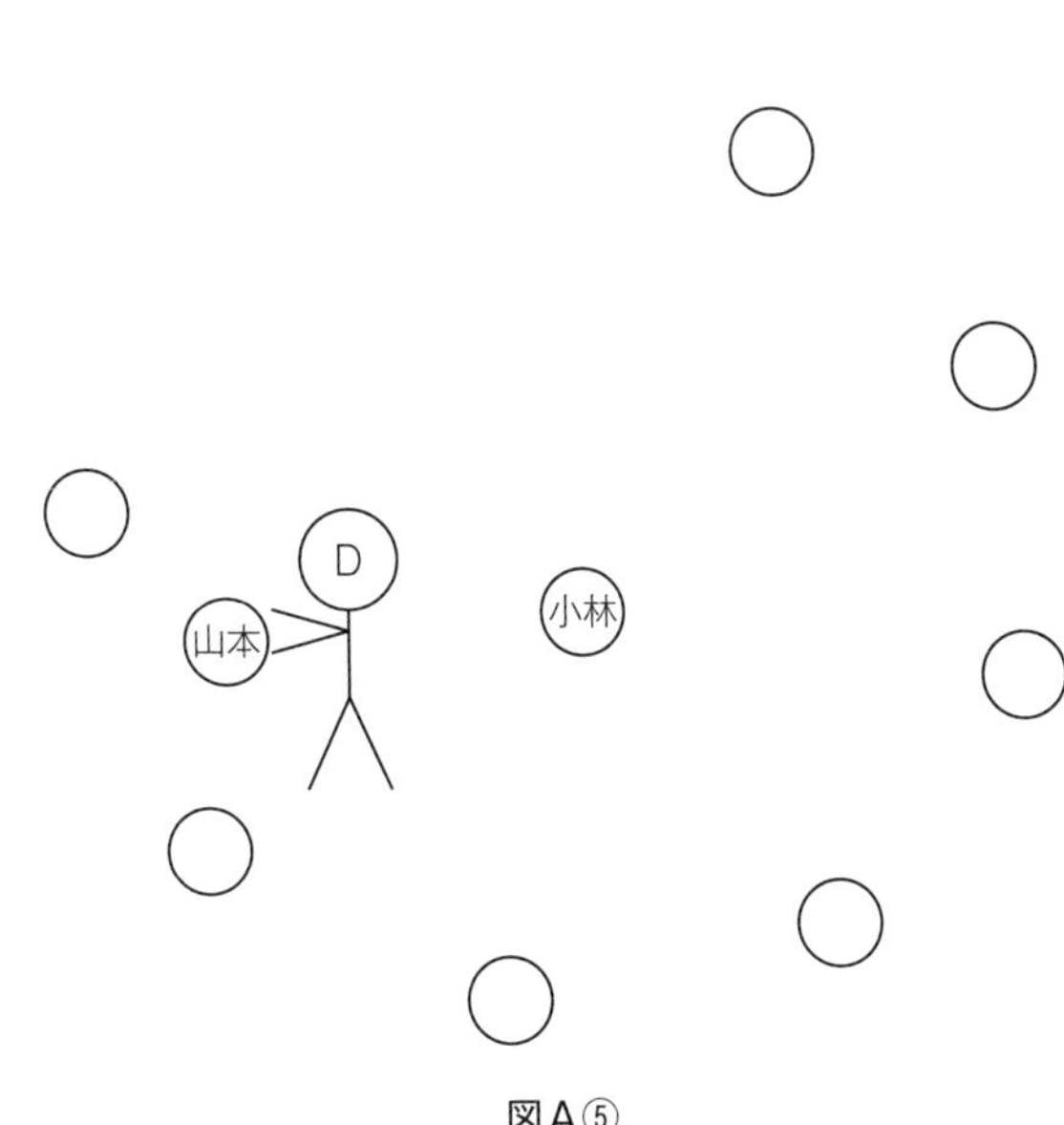

図A⑤

⑥　残りの人に②～④を繰り返す。

D　「（田中さんの傍らへ移動する）。田中さん、こんにちは。ここはどこですか？　何をしているところですか？」

田中　「富士登山をしています」

（省略）

D　「村田さんは何をしているのですか？」

村田　「ドライブをしています」

（省略）

D　「吉村さんは何をしているのですか？」

吉村　「絵を描いています」

（省略）

残り四人（ⓐ、ⓑ、ⓒ、ⓓ）にもインタビューをして、話してもらう。

ディレクターは、このように参加者全員に自己紹介をしてもらいながら地図を完成させる。

図A⑥

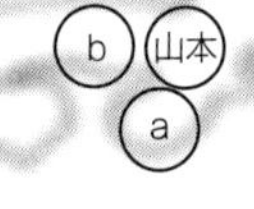

図A⑥

⑦　参加者全員をつなげて紹介する。

全員にインタビューが終わったら、ディレクターは参加者全員を地図の北から（あるいは南から）順番に紹介していく。参加者にはディレクターの紹介にあわせて、いきいき活動している自分を表現してもらう。

D　「皆さんのいきいきしている姿の地図ができたので、もう一度、皆さんの元を訪ねてみましょう」
D　「北海道では、休暇をとった村田さんがドライブをしています」
村田　「（ハンドルを握って）どこまでもまっすぐな道を走るのは気分がいいな」
D　「秋田では、鳥海山の見える場所で、吉村さんがスケッチをしています」
吉村　「（スケッチをしながら）この絵は今度の展覧会に出品しよう」
D　「絵を描いている人もいれば、保育園で絵本を読んでいる人もいます」
小林　「（読み聞かせをしながら）おむすびころりん、ころりんこ」
D　「先ほどは鳥海山の絵を描いている人がいましたが、富士山にいる田中さんはいかがですか？」
田中　「（登山をしている）頂上に着いたぞ！　いい眺めだ。やっほー」
D　「山に登って充実感を感じる人もいますが、仲間と議論をして充実感を感じている人もいますね。山本さん、いい映画はできそうですか？」
山本　「みんなで忌憚ない意見を出し合って、いい映画を撮ろう！」

残り四人（ⓐ、ⓑ、ⓒ、ⓓ）についても、ワンシーンずつ表現してもらう（省略）。

D　「このようにそれぞれ楽しい時間を過ごしていいます。皆さん、本当にいきいきしていますね」

⑧　**ドラマを終了する。**

D　「皆さん、楽しい時間を分けてくださってありがとうございました」

ディレクター、演者たち（参加者）に拍手をする。

参加者もお互いに拍手し合う。

［ポイント］

＊　このドラマは自分を紹介するドラマなので、「いきいきしている自分」の代わりに、「リラックスしている自分」や「自分の行きたい場所」などさまざまに置き換えることができる。

＊　ディレクターは、「何をしているところか？」「場所はどこか？」と尋ねるだけでなく、具体的にその場面が目に浮かぶように質問をしていくといい。場面が描けたら、「何が楽しいのか」「どんな気持ちなのか」を尋ねるとドラマに広がりが出る。

＊　時間的余裕があり、グループが継続していてすでに安心できるグループが成立しているなどの自発性の高いグループでは、各ドラマの補助自我を他のメンバーに演じてもらうこともできる。例えば小林さんのドラマでは、園児を、山本さんのドラマでは学友等を、他の参加者に補助自我として演じてもらう。

＊ 場所を決めることで、ディレクターも参加者も視覚的にその人がどこにいて、何をしているか印象に残りやすい。

＊ 紹介の順序は、地図上の北から南としても良いし、朝から夜にかけて一日の時間順にしても良い。あるいは建物の中と戸外などでまとめるなど、ストーリー性を持たせて紹介するといい。

＊ ナレーションをうまく使って次の人（場面）に移行すると良い。一人のドラマだけ長くなり過ぎないように気をつける。

＊ 初めて行う時は、最初に助手など慣れている人を指名し、見本を演じてもらうと良い。

＊ 思いつかない人は飛ばして、また後で聞く。

【私が出会ったドラマのその後】

「今自分が行きたい場所」を紹介するドラマで、「行きたい場所が思い浮かばない。お金も時間もないので、どこかへ行きたいと思っても虚しいので考えたことがなかった」という人がいた。しかし、その人は他の参加者の紹介する「行きたい場所」へドラマで行くうちに、行ってみたい場所が出てくるようになった。そして、他の人のドラマを通して、世界中を旅することもでき、楽しい時間を過ごせたと大変喜んでいた。

またあるグループでは、「『いきいき活動している自分』を紹介するドラマで、普段仕事の話をしない人が仕事の現場でてきぱきと仕事をしているドラマをしたことで、その人がどういう人なのかグループの参加者同士の理解が深まった。

このように自己紹介のサイコドラマでは、自他共に理解が深まる。この理解が安心できるグループ作りの基盤となっていくのである。

2．ドラマ技法例②『もう一つの地球』

［目的］

今の自分が抱えている社会的、心理的役割から解放され自由になる。

日ごろ抱いている夢や空想をドラマの世界で表現することで、さまざまな可能性のイメージが湧き、生き方を広げていく。

［ドラマの形式］

参加者全員が主役のグランド・ホテル形式のドラマ

［ドラマの内容］

「もし、現実の地球とは違うもう一つの地球があり、今の自分が抱えている社会的、心理的役割に囚われず、違った人生を生きられるとしたら、何をしていて、どんな時が幸せかを問い、もう一つの地球でもう一つの人生を生きるドラマ。

［登場人物］ 6〜15人

もう一つの地球で生きている自分（主役）……参加者全員（助手も含む）

主役のもう一つの地球の住人、その他（補助自我）……参加者全員（助手も含む）

*主役は順番に演じていく。

［ドラマ］

① **ドラマの説明をする。**

参加者と助手は車座になって座る。

ディレクター（＝D）は車座の中央に立つ。**図B①**

D　「これから皆さんに演じてもらうドラマは、今いる地球とは違う、もう一つの地球でのドラマです。もしももう一つ地球があって、何にでもなれるとしたら、皆さんは何になってどんな人生を送っているでしょう？　何でもかまいません。年齢も性別も職業も、動物でも植物でも結構です。人間でなくても、あなたは誰になって、何をしていますか？　私が皆さんのところへ行き、このような質問をしますので、その質問に答えて、もう一つの人生を生きるドラマを演じてみてください。例えばこんな感じで

D

図B①

す。私はブロードウェイの俳優です。ステージの上でスポットライトを浴びながら歌っています（両手を広げて歌う）」

② **参加者にどこで何をしているのかを尋ね、演じてもらう。**

《主役のみのドラマの場合》

D　「何になりたいか思いついた人はいますか？」

川本　「（手を挙げる）」

ディレクター、手を挙げた人に近づき、「あなたは誰で、何をしているところですか？」と尋ねる。

図B②

D　「（川本さんの傍らへ行き）あなたは誰ですか？」

コック「私はコックです」

図B②

D　　「どこで何をしていますか?」

コック「自分のレストランで創作料理を作っています」

D　　「コックになって良かったと思う時はどんな時ですか?」

コック「お客さんが私の料理を美味しいと言って喜んでくれる時です」

③　会場を地図に見立ててその人の答えに合わせて移動してもらう。

D　　「そのレストランはどこにありますか?」

コック「イタリアの地中海の見える丘の上です」

D　　「では、こちらへ（ある場所を示す）」

図B③

コック「（椅子を持ってその場へ移動する）」

④　次の人のところへ行き、何をしているのか尋ねる。

図B③

《補助自我がいるドラマの場合》

D　「次に思いついた方はいますか?」

平岡さんが手を挙げる。ディレクターは次の人のところへ行く。

D　「(平岡さんの傍らに行き)あなたは誰ですか?」　図B④

指揮者「音楽家です。私はオーケストラの指揮者です」

D　「なんの曲を指揮していますか?」

指揮者「えーと、……何がいいかなぁ(考え込んでしまう)」

D　「では、指揮をしていてどんな気持ちですか?」

指揮者「どんな?　うーん……(言葉に詰まる)。クラシックのコンサートにはよく行くのですが、いつも客席から観ているんですが……」

D　「ここはもう一つの地球で、あなたは観客ではなく、オーケストラの指揮者です」

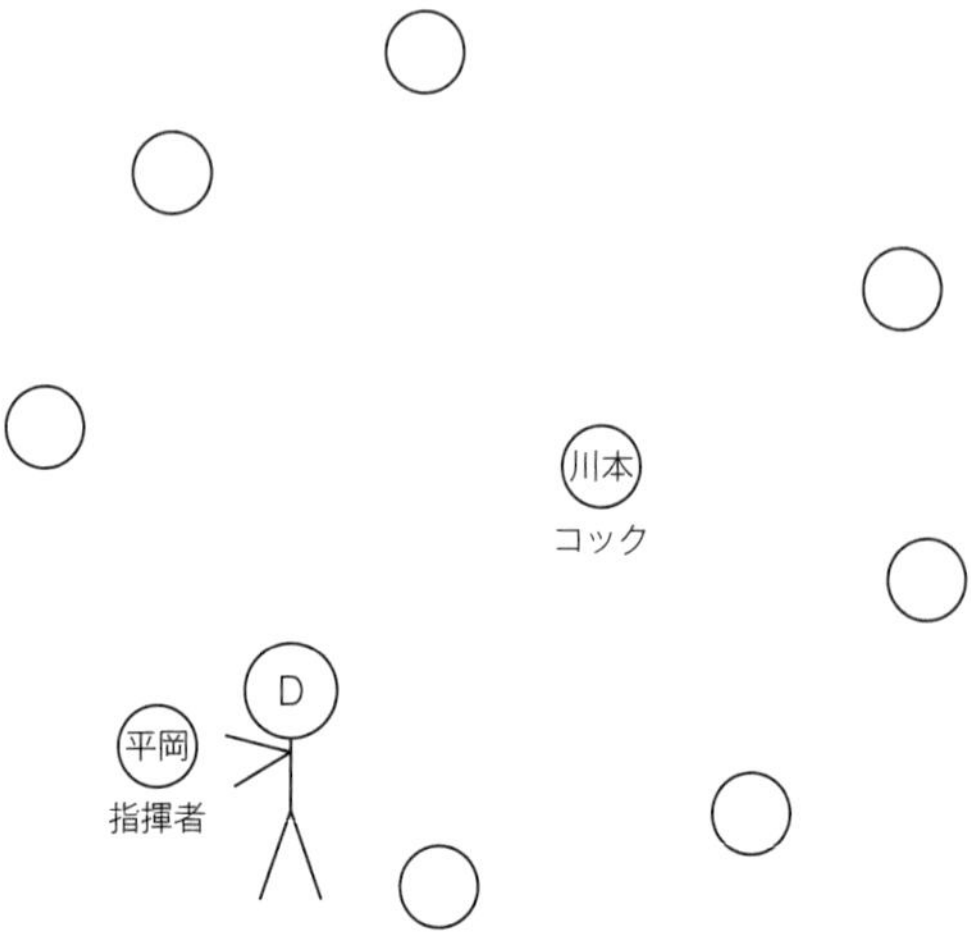

図B④

指揮者「はい」

D「あなたは舞台の上にいます。あなたの周りには、どんな楽器がありますか？」

指揮者「えーと。バイオリン、チェロ、それから、フルート……（言葉に詰まる）」

D「皆さんに力を借りてみませんか？　オーケストラの楽器をお願いしてはどうでしょう」

指揮者「はい、そうします」

⑤　補助自我を選び、演じてもらう。

D「バイオリンをやって欲しい人はいますか？」

指揮者「ええっと。……どの楽器をどなたにやってもらったらいいかわかりません」

D「では、バイオリン、チェロ、フルートをやってくれる人はいませんか？」

Aさん「はい、バイオリンは私がやります」

Bさん「チェロをやります」

Cさん「私はフルートを吹きます」

D「いいでしょうか？」

指揮者「はい」

D「それぞれの楽器は、どこに座ってもらいましょうか？」

指揮者「えっと」

D「あなたのオーケストラなのですから、あなたの好きなところに、好きな楽器を置いていいんですよ」

指揮者「では、バイオリンが指揮者の左側に、チェロは右側に、そしてフルートは私が一番好きな楽器なので真ん中に」

D「ほかに楽器は必要ですか？」

指揮者「管楽器が後ろに並んでいます、そして、一番奥にはティンパニーがすべての楽器を包むように」

全員が何らかの楽器奏者となって配置される。

図B⑤

それぞれ楽器を持って構える。

D「これでいいですか？」

指揮者「はい」

指揮者を囲んでオーケストラができる。

D「では、あなたのオーケストラの前に立ってみてください」

ティンパニー
フルート
クラリネット
バイオリン
ヴィオラ
D
チューバ
平岡
指揮者
チェロ
ピアノ

図B⑤

指揮者「(センターに立って指揮棒を振ってみる)」
D「今どんな気持ちですか?」
指揮者「たくさんの楽器の音色に囲まれて、最高に幸せです。私は指揮者でありながら、素晴らしい演奏を特等席で聴いています。あ、やってみたい曲を思いつきました。チャイコフスキーのバイオリン協奏曲です」

⑥　質問の答えに合わせて場所を移動させる。

D「今夜の演奏はどこで行われますか?」
指揮者「ウィーンです」
D「地中海があそこですから、ウィーンはこの辺りでしょうか?(ある場所を示す)演奏者の皆さん、ありがとうございました。席へ戻ってください。指揮者はウィーンへ移動してください」
指揮者「(場所を移動する)」**図B⑥**

図B⑥

⑦　**②〜③、または④〜⑥を参加者全員に繰り返す。**

まだ主役を演じていない人のもとへ行き、順々にインタビューしていく。

D　「あなたは誰ですか？」

女子高生「私は女子高生です。学校の帰り道、友達と寄り道をしています」

（省略）

D　「あなたは誰ですか？」

医者　「医者です。難民キャンプで治療をしています」

（省略）

D　「あなたは誰ですか？」

イルカ「私はイルカです。広い海を仲間たちと自由に泳ぎまわっています」

（省略）

⑧　**全員のドラマをつなげて演じてもらう。**

全員にインタビューが終わったら、ディレクターはドラマの順番を考え、それを参加者に伝え、一人ひとりのドラマをつなげて、もう一つの地球での自分を演じてもらう。

Ｄ　「海ではイルカたちが楽しそうに泳いでいます。さあ、みんなもイルカになって泳ぎましょう」
イルカ「(海を泳いだり跳ねたりしながら) ああ、気持ち良いなあ」
イルカたち「(全員、イルカになって自由に泳ぎまわる)」
Ｄ　「地中海の見える丘の上では、コックさんがお客さんのために腕を振るっています」
コック「(フライパンを振りながら) 地中海で採れた貝で美味しいパスタを作ろう！」
Ｄ　「ウィーンの劇場からチャイコフスキーのバイオリン協奏曲が聴こえてきます」
指揮者「(指揮棒を振りながら) 素晴らしい音楽に囲まれて、なんて幸せなんだろう」
演奏者たち「(各々の楽器を、指揮に合わせて演奏する)」
Ｄ　「一方シリアでは、お医者さんが子どもたちの命を助けるために頑張っています」
子どもたち「(医者の周りを囲んで座ったり寝転んだりしている)」
医者　「あなたたちが元気になることが私の一番の願いよ」
Ｄ　「しかし、戦争のない日本では、女子高生たちが美味しいパンケーキの店を見つけてはしゃいでいます」
女子高生「生クリームたっぷりのパンケーキを食べに行こうよ♪」
Ｄ　「さあ、みんなでパンケーキを食べましょう」
女子高生たち「(パンケーキを食べる)」

このように、ディレクターは、主役を次々に変えながら参加者全員のドラマ繰り返す。椅子が不要な場面では、椅子をどかしてドラマを進める。

⑨　ドラマを終了する。

D　「このようにいろいろな人生がありますね。さて、もう一つの地球で生きてみた感想はいかがだったでしょうか？　これで『もう一つの地球』を終わりにします」

ディレクター、演者たち（参加者）に拍手をする。

参加者もお互いに拍手し合う。

［ポイント］

＊　構成は自己紹介のサイコドラマと似ているが、このドラマは現実の世界を表現するのではなく、まったくのフィクションで、動物になっても、山や川になっても構わない。

＊　このドラマでは現実の自分から解放されることが大切。最初は個の自分からの開放が難しく、新しい発想が出てこないことがある。その時は、日を変え、何度も繰り返し行っても良い。

＊　補助自我がいる場合と、いない場合については、Q&Aで詳しく書いているのでそちらを参考にする。

＊　トーク&シェアで、それぞれが厳しい現状を変えられずに悩んでいる時、このドラマ技法を行うと、各人の良い面を見つけるヒントが得られることがある。

＊　Dは、主役が選んだ役割を生きて（演じて）みて、幸せを感じる時はどんな時かを訊くことが大切。

【私が出会ったドラマのその後】

過去の自分にとらわれて、毎回過去の自分になってしまう人がいた。しかし、グループが成長し、本人も精神的に安定してきたところで「もう一つの地球」を再び行ったところ、若い頃の夢だった職業に就いていきいきと仕事をしている自分を演じることができるようになった。今後さらに自発性を発揮させることができるようになっていけば、過去や過去の夢や現実に囚われない、「もう一つの地球」で生きる自分を演じられるようになるだろう。

「もう一つの地球」で生きている自分と現実の自分がかけ離れていたとしても、どうしてそうなりたいかを考えることで、現実の世界が少し違って見えると感じたり、生きる姿勢が変わる人たちがいる。これを繰り返すことで、多くの可能性を感じ、生き方を広げていくことができるのである。

3. ドラマ技法例③『思い出図書館』

［目的］

芸術作品から受け取っていたメッセージを、言語化、意識化して整理していく中で、今の自分へのメッセージを受け取る。

印象に残っている本を通して、読んだ当時の自分のあり方、対人関係などを再確認する。

［ドラマの形式］

全員から話を聞いた上で、主役を望む一人（または少人数）の主役のエピソードに絞ったドラマを行う。

＊今回のドラマ技法例は、一人のエピソードに絞って行うこととする。

［ドラマの内容］

参加者全員に印象に残っている本を紹介してもらい、その中から、思い出に残っている本のシーンを再現するドラマ。

［登場人物］ 6～15人

主役 ……参加者の中で主役を希望する人

物語の登場人物（補助自我）……参加者（助手を含む）の中から、主役が指名した人

物語に登場するその他の役割（補助自我）……右記以外の参加者全員（助手も含む）

［ドラマ］

① ドラマの設定を伝える

ドラマの内容の説明は行わず、設定のみを伝える。

D 「ここは思い出図書館です。昔読んで思い出に残っている本、もう一度読んでみたい本はありますか？　ここには思い出の本が、何でもあります。絵本、童話、小説、図鑑、名前を忘れてしまった本でも、絶版になった本でも、どんな本でもここではもう一度読むことができます」

②　思い出に残っている本を尋ねる

参加者全員に、思い出に残っている本の題名と、いつ、どんな時に、どんなふうに読んでいたか、印象に残っていることや場面を尋ね、話してもらう。

D　「思い出に残っている本はありますか？」　**★思い出の本について尋ねる**

川田　「宮沢賢治の『銀河鉄道の夜』です」

D　「それはいつ、どこで読んだのですか？」

川田　「小学校の時、父に買ってもらいました」

D　「どの場面が印象に残っていますか？」

川田　「難しくてよくわかりませんでしたが、挿絵がとても綺麗だったのを覚えています」

D　「ありがとうございます。では次に思いついた方は？　では、佐藤さん。思い出に残っている本は何ですか？」

佐藤　「高村光太郎の『智恵子抄』です」

D　「詩集ですね。いつ、どこで読んだのですか？　何が印象に残っていますか？」

佐藤　「高校の時、図書館で。題名は忘れてしまいましたが、『智恵子は東京に空がないという』という一節から始まる詩です。時々ふと思い出されます」

D　「次に思いついた方は？」

幸田　「はい。『トム・ソーヤの冒険』です」
D　「それはいつ、どこで読んだのですか？」
幸田　「英語劇のグループで、中学生の時から何度も読みました。塀塗りとか、家出して海賊になろうとしたりとか、面白い場面がたくさんあるのですが、今は、トムとベッキーが鍾乳洞をさまよう話をもう一度読みたいです」
D　「次の方は？」
田中　「『ぐりとぐら』です。絵本に出てきたケーキが美味しそうでした」

このようにして、参加者全員に話を聞いていく。（省略）

③　本日のドラマの主役を決める
思い出の本が出揃ったところで、参加者全員に他の人の話を聞いて、読んでみたい本はあるかを尋ね、本日ドラマにする物語を決める。

D　「では、皆さんに語っていただいた本の中で、読んでみたいと思った本はありましたか？　あるいは何か思い出したことなどがあればシェアしてください」
北村　「『トム・ソーヤの冒険』は、子どもの頃、テレビアニメでよく見ていました」

佐藤「子どもたちが小さい頃、『ぐりとぐら』シリーズが好きで、本に出てくるケーキを焼いて喜ばれたのを思い出しました」

田中「『銀河鉄道の夜』を読んでみたいと思いました」

高橋「『トム・ソーヤの冒険』や『ハックルベリー』は作者マーク・トゥウェイン自身の少年期の体験的要素があるそうです。子どもらしく遊んでいて羨ましいです」

このようにして、参加者全員に意見を訊いていく。（省略）

D「皆さん、やってみたいドラマはありますか？　皆さんから一番シェアの多かった幸田さんの『トム・ソーヤの冒険』をドラマにしたいと思いますが、いいですか？」

参加者「（うなずく、拍手をするなど全員が賛同の意を表明）」★主役とドラマの決定

④　ドラマ化するシーンと登場人物を演じる補助自我を選ぶ

ディレクターは主役に、「どんなシーンが印象に残っているのか？」を訊き、その登場人物を誰に演じてもらうかを決める。

D「それでは、幸田さん前に出てきてください。これから幸田さんの心に残っているシーンをドラマ

にしていきたいと思います」

幸田　「はい。（円の中心に立つ）」**図C①**

D　「『トム・ソーヤの冒険』はどこが印象に残っていますか？」**★印象に残っているシーンを聞く**

幸田　「トムが学校の課外授業で出かけた鍾乳洞で、ベッキーと二人で迷子になり何日も洞窟内をさまよって、最後に出口を見つけるところです」

D　「登場人物は、トムとベッキーですね？」**★登場人物の確認**

幸田　「はい」

D　「これからドラマを演じてもらう人を選んでもらいます。トムとベッキーは誰にやってもらいますか？　選んでください」**★主役に、補助自我の選択を指示**

幸田　「トムは高橋さんに、ベッキーは北村さんでお願いします」

D　「では、他の皆さんは、鍾乳洞になってください」

ディレクターは中央に立つ。主役／幸田、トム／高橋、ベッキー／北村。他のメンバーは鍾乳洞になって、彼らを取り囲む。**★全員にスタンバイするよう指示**

図C①

> **⑤　ドラマを作る**
> ディレクターは、主役が印象に残っているシーンを明確にするために、主役にインタビューしながら、それぞれの役を演じさせて、ドラマのシーンを作っていく。

D　「幸田さん、印象に残っているシーンをトムになって動いてみてください。トム役の高橋さんは後で再現してもらいますので、よく見ていてください」　**★主役にドラマの再現を促す　図C②**

幸田　「はい。（ディレクターに向かって）手には蝋燭を持っています。そのわずかな明かりを頼りにベッキーと洞窟を歩いています」

トム／幸田　「（片手に蝋燭を持ち、ベッキー役の北村の手を取って、洞窟の中を注意深く歩く）出口はどこだろう……」

D　「それで、出口が見つかるんですか？」　**★ストーリーを進めるための質問**

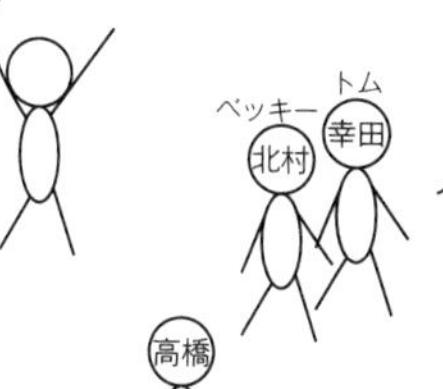

図C②

幸田　「いいえ、見つかりません。ベッキーが『私はもうだめ』と弱音を吐きます」

D　「幸田さん、今度はベッキーになってやって見せてください」**★主役に補助自我との役割交換を指示し、ドラマの再現を促す（トム＝幸田→高橋、ベッキー＝北村→幸田）**

幸田　「（ベッキー役の北村と入れ替わる）」

北村　「（脇にどき、幸田の演技を見ている）」

D　「トム役の高橋さんは、先程のトムを再現して、ベッキー（幸田）の手をとって鍾乳洞の中を歩いてください」**★補助自我に再現を指示する**

図C③

トム／高橋「（ベッキー／幸田の手を取り、先ほどのように歩く）出口はどこだろう……」

ベッキー／幸田「トム、私もう歩けないわ。（座り込む）」

D　「では幸田さん、トムに戻って。北村さん、ベッキーになって先ほどのシーンを再現してください」**★主役に役割交換を指示（トム＝高橋→幸田、ベッキー＝幸田→北村）**

ベッキー／北村「トム、私もうだめ、歩けないわ。（座り込む）」

図C③

D　「そして、トムはどうしましたか?」★ストーリーを進めるための質問

トム／幸田「わかった、ここで少し休もう（ベッキーの隣りに座る）。あ、蝋燭の火が消えちゃった！（肩を落として）」

幸田　「（Dに向かって）ここで蝋燭は燃え尽きて、トムも絶望してしまいます。そして、うとうとと眠っているうちに、夢を見ます。その夢にハックが出てきて……」

D　「新しい登場人物ですね。ハックとは誰ですか?」★新しい登場人物の確認

幸田　「ハックルベリー・フィンです。トムの親友です」

D　「では、ハック役が必要ですね。誰にやってもらいますか?」★新しい役の補助自我の選択の指示

幸田　「石本さんにお願いします」

石本　「（鍾乳洞役をやめて、Dの近くに来る）」

D　「幸田さんハックになって。ハック役の石本さんは見ていてください」★主役に再現を促す

図C④

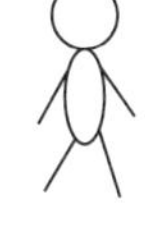

図C④

幸田「樽に腰掛けて、足をぶらぶらさせながら、トムに話しかけるんです」

D「どんなふうに？」

ハック／幸田「（椅子に座り、足をぶらぶらさせる）おいら、いつも困った時は、トム・ソーヤだったらこんな時どうするだろうって考えてみるんだ。そうすると、いい考えがちらっと浮かぶんだな」

幸田「（Dに向かって）そこでトムは目を覚まします。それで、ポケットにタコ糸があることに気づいて、アイディアが浮かびます」

D「はい、では幸田さんはトムに。石本さんはハックになって、蝋燭の火が消えるところから再現してみましょう」**★主役と補助自我たちに再現の指示　図C⑤**

トム／幸田「（ベッキーと寄り添って眠っている）」

ハック／石本「（椅子に座って足をぶらぶらさせながら）おいら、いつも困った時は『トム・ソーヤだったらこんな時どうするだろう？』って考えてみ

図C⑤

るんだ。そうすると、いい考えがちらっと浮かぶんだな」

トム／幸田「（飛び起きて、体中を手で探り、ポケットから何か取り出す）タコ糸があったぞ！（ベッキーを揺り起こす）出発だ。このタコ糸を岩角に縛り付けて、そいつをたぐりながら進むんだ！」

幸田「（Dに向かいながら）こうして、何度か突き当たり、戻ったりしながら二人で手を取り合って進みます。（やってみせる）」

トム／幸田「向こうに、針で突いたような光の点が見える、きっと出口だ！」

D「出口が必要ですね。（洞窟を演じているメンバーに向かって）どなたか、出口になってもらえませんか？」**★新しい役の選出　図C⑥**

大林・佐藤「私たちが出口をやります。（鍾乳洞から外れて、出口になる）」

トム／幸田「最後の力をふりしぼって、ベッキーの手を

図C⑥

引いて出口に向かって歩いていく）ほら見て！」

出口／大林・佐藤「（手をつないで出口を作り、トムとベッキーとの前に現れる）」

トム／幸田とベッキー／北村「（出口を通り抜けて）ミシシッピー川だ！（トムとベッキーは喜ぶ）」

D「これでいいですか？」**★ドラマの終結を確認**
幸田「はい」

⑥ ドラマを上演する
作り上げたドラマを最初から通して上演し、主役に見てもらう。

D「では、今作ったドラマを上演しますので、幸田さんは、あちらで見ていてください」
Dは、演じているのが見える位置に椅子を置き、主役の幸田を座らせる。 **図C⑦**

図C⑦

Ｄ「では、最初から見てみましょう。演者の皆さんお願いします」★ドラマの上演を指示

〜ここからは、補助自我によるドラマの上演

トム／高橋「（片手に蝋燭を持ち、ベッキーの手を取り、洞窟の中を歩く）出口はどこだろう……」

ベッキー／北村「トム、私もう歩けないわ。（座り込む）」

トム／高橋「わかった、ここで少し休もう（ベッキーの隣りに座る）。あ、蝋燭の火が消えちゃった！（肩を落とし、肩を寄せ合って目を閉じる）」

ハック／石本「（椅子に座って足をぶらぶらさせながら）おいら、いつも困った時は『トム・ソーヤだったらこんな時どうするだろう？』って考えてみるんだ。そうすると、いい考えがちらっと浮かぶんだな」

トム／高橋「（飛び起きて、体中を手で探り、ポケットから何か取り出す）タコ糸があったぞ！（ベッキーを揺り起こす）出発だ。このタコ糸を岩角に縛り付けて、そいつをたぐりながら進むんだ！」

（二人、手を取り合って進む）

トム／高橋「向こうに、針で突いたような光の点が見える、きっと出口だ！

（最後の力をふりしぼって、ベッキーの手を引いて出口に向かって歩いていく）ほら見て！」

出口／大林・佐藤「（手をつないで出口を作り、トムとベッキーとの前に現れる）」

トム／高橋とベッキー／北村「（出口を通り抜けて）ミシシッピー川だ！（トムとベッキーは喜ぶ）」

⑦ **主役はドラマから自分へのメッセージを送る**
この本が主役にとって印象に残っている理由を見つけ出す。

D　「主役とトム、交代して！（高橋が幸田の席に座り、幸田がトムの場所に立つよう指示する）★主役に**役割交換させドラマの中から自分を見るよう促す**　図C⑧

（トム／幸田に対して）トム、あそこに座っているのが幸田さんです。あなたは彼女のことを知っていますね？」

トム／幸田「もちろん、知ってるよ！」

D　「彼女は、あなたがこの鍾乳洞から抜け出すシーンをとてもよく覚えているそうなんですが、どうしてだと思いますか？」★**主役に意見を訊く**

トム／幸田「（少し考えて）あの人はね、今、自分が人生の道に迷ってしまって、どうしたらいいか悩んでいるんだよ。だから僕のことを思い出したんじゃ

図C⑧

ないかな」

D「そうですか。では、幸田さんに何か言葉をかけてあげてください」**★主役に自分へ向けたメッセージを導き出す**

トム／幸田「鍾乳洞の闇の中で、苦しかったし心細かったけど、ほら、こうして外に出る出口は見つかったよ！　幸田さん、きっとあなたも、いつか出口を見つけられるよ！」

D「それでいいですか？」**★主役にメッセージを確認**

幸田「はい」

⑧　主役はドラマからメッセージを受け取る

主役はドラマからメッセージを受け取り、感想を述べる。

D「では、元に戻って。（高橋はトムに戻り、幸田は椅子に座る）メッセージを聞いてみましょう」**★補助自我に主役へのメッセージの再現を指示**

図C⑨

図C⑨

トム／高橋「（幸田に向かって）鍾乳洞の闇の中は苦しかったし心細かったけど、出口は見つかったよ！　きっとあなたも、いつか出口を見つけられるよ！」

D「幸田さん、どうですか？」★主役にメッセージを受け取った感想を訊く

幸田「ありがとうございました。トムになってメッセージを送ろうとしてみて、どうしてこのシーンが浮かんだのかよく分かりました。これからどう生きて行ったらいいか正直途方に暮れていました。でも、必ずいつか出口が見つかると思えました」

D「それではこのドラマを終了します」★ドラマの終結を宣言

> ⑨　**役割解除をする**
> 演じた参加者の役割を解除し、現実の世界に戻す。

D「それでは幸田さん、役をやってくれた人のところに行って、役割を解いて、現実に戻してあげてください。例えばこんなふうに。『あなたはトムではありません、高橋さんです。高橋さんに戻ってください』」★役割解除を指示する

幸田「（高橋さんの前に行く）あなたはトムではありません、高橋さんです。高橋さんに戻ってください。ありがとうございました。（北村さんの前に行き）あなたはベッキーではありません。北村さんに戻ってください。ありがとうございました」

このように順々に役割を解除し、全員の役割を解除し終わったら、皆で拍手をしてドラマを終了。

［ポイント］

＊ ディレクターが上手に訊き出すことで、本人が意識していなかったことが顕在化するので、どんな質問をするかが重要となってくる。ディレクター初心者は、状況が具体的になるように、5W1H（いつ、どこで、誰が、なにを、なぜ、どのように）にプラスして、感情を尋ねるといい。

＊ 重要な補助自我は主役に選んでもらうが、主役がどうしても決められなかったり、それほど重要な役ではない場合は、ディレクターが指名したり、参加者が自発的に演じたりすることがある。ただし、主役がイメージと違うと感じたら、選び直してもらう。

＊ 参加者全員が何らかの役につくよう、ディレクターは配慮する。

＊ 印象に残っているのは本の内容そのものなのか、本を読んでいた状況なのかを見極める。それによって、どこに働きかけるかが決まってくる。

＊ セッションの手順を★印に記したので、★印のアクションが抜けないように目安にするといい。

【私が出会ったドラマのその後】

「狼と七匹の仔ヤギ」の絵本を小さい頃何度も姉に読んでもらったAさん。母さんヤギが帰宅すると、家はオオカミに荒らされて子ヤギがいなくなっているという場面で、「お母さん、僕はここだよ！」と、難を逃れた一番下の仔ヤギが時計の中から出てきて、お母さんに抱きしめられるシーンをドラマにした。ドラマを終えて、Aさんは、「母は仕事で忙しく、いつも姉にこの絵本を読んでもらっていた。お母さんに見つけてもらうこの場面が見たくて何度も読んでもらっていた。母親を恋しいと思ったことはなかったと思っていたが、本当は母を求めていたのかもしれないと気づいた」と語っていた。

「トム・ソーヤ」のドラマ例は、実際に行われたドラマを主役の了解を得てほぼ忠実に採録した。本来の「思い出図書館」では、この「狼と七匹の仔ヤギ」のように、印象に残っているシーンをドラマで再現することで、その本を選んだ理由、当時の環境や人間関係や大事だったことなどが明らかになるが、「トム・ソーヤ」のドラマのように、現在抱えている問題が出てくることもある。

第4章　増野式サイコドラマを始めよう

Ⅰ　サイコドラマグループを始めよう！（企画例）

これからサイコドラマのセッションを行おうとしている三組の例をもって、先ほど第3章の「Ⅰ　セッションを始める前に」で見てきた「いつ（①時間と期間）、どこ（②会場）で、誰（③主催者④参加対象者）が、⑤何のために、サイコドラマを行うのか？」といった、グループの目的と条件に合わせた、セッションの構造と内容のスケジューリングをおさらいしてみたいと思う。

《例・1》ディレクター志望者の学びのグループ

Aさんと B さん。二人ともサイコドラマ歴は三年ほどで、その間に何度か助手をしたことがある。精神医療とは関係のない仕事をしていて、グループワークの運営の経験もない。ディレクター志望のメンバーたちと練習のためのグループを作ろうと思っている。

（1）グループの構造と目的を確認する。

③　ディレクター志望の人たち。助手の経験はあるが、ディレクターの経験がほとんどない。

④　③と同じく、ディレクターの経験がほとんどないディレクター志望の人たち。一〇人前後。参加者はほぼ全員有職者。

⑤　目的はディレクターと助手の実践練習。

（2）セッションのスケジューリングをする。

①　参加者が有職者なので、仕事に負担がないように考慮し、月一回一年間全一二回連続で行う。一回のセッションは三時間。一回のセッションで行うドラマ技法は一～三つ。

②　参加者の通いやすい会議室をレンタル。いろいろな環境でも対応できるように、実施会場は複数とする。

（3）グループの成熟度に合わせて、セッションの内容を調整していく。

「グループの成熟度とディレクターの経験値」の表を参考に、順を追って三段階すべてのドラマ技法の練習をしていく。

（4）グループの成熟度、個人の成長に合わせて、再度、目的を確認する。

一二回のセッションが終わったところで、グループを継続するか検討する。

検討の結果、一部のメンバーを交代して、グループを継続する。また、目的は一年間やってみて課題となった点を取り上げて学ぶこととする。

〈ポイント〉

・通常のサイコドラマは、グループづくりのために週一または隔週程度で行うが、このグループの場合は目的が実践練習であるため、グループワークとしてのグループ作りは必要ないので、他の条件に合わせて開催頻度を決めた。
・ディレクターの経験を積むなら、オリエンテーションからシェアリングまで、セッションを通して経験できると良いだろう。
・ディレクターや助手の経験が浅い人と経験豊富な人が、ディレクターと助手のペアになってセッションを行うと良い。
・ディレクターの練習をする際は、まずはトーク&シェアの練習を重視するとともに、いろいろなドラマ技法を経験するより、自分のレベルに合ったドラマ技法を繰り返し行うと良いだろう。
・初めて挑戦するドラマ技法は、ディレクターをやる前に助手として参加しておくと良い。

《例・2》ワークショップ

Cさん。サイコドラマ歴は長く、助手の経験はあるが、ディレクターの経験は少ない。勤務している福祉施設でデモンストレーションでサイコドラマワークショップを行う。

（1）グループの構造と目的を確認する。

①九〇分、一回のワークショップ。
②公共施設の会議室。
③助手としての経験は豊富だが、ディレクター経験は少ない。
④サイコドラマを初めて経験する人たち一〇人。
⑤福祉関係者の方々に、増野式サイコドラマを知ってもらうために、デモンストレーション型のワークショップを行う。

（2）セッションのスケジューリングをする。

単発のワークショップなので、スケージュールは施設と調整する。

①九〇分、一回のワークショップ。
②公共施設の会議室。

（3）グループの成熟度に合わせて、セッションの内容を調整していく。

初めての人ばかりなので、トーク＆シェア、ウォーミングアップに充分時間をとり、自己紹介のサイコドラマなどの初めての人でも出来る全員参加のドラマ技法を短く行う。

〈ポイント〉

・ディレクター経験が少ないので、外部からの参加が許されるなら、ディレクターや助手の経験のある人（少なくともサイコドラマに参加したことのある人）二人に助手として参加してもらうと良い。

・デモンストレーションなので、最初のオリエンテーションと最後のシェアリングにも時間をしっかりと取る。

《例・3》連続のグループ

Dさん。精神医療従事者で、サイコドラマ歴は長く、ディレクターの経験あり。初めて連続のグループを持ちたいと思っている。詳細は一切決まっていないので、誰を対象に、何のためにサイコドラマを行うのかを決めるところから始める。

（1）グループの構造と目的を確認する。

③ディレクターの経験はあるが、連続してグループを運営するのは初めて。

④参加者は経験者、未経験者を問わず、誰でも参加できるものにしたい。ディレクター、助手（二人）を入れて、一二人ほどのグループ。

⑤多くの人に、自分の良い面にスポットを当てる増野式サイコドラマの楽しさを体験してもらえるグループを運営する。

（2）セッションのスケジューリングをする。

①参加者が多様な人たちなので、信頼関係を築きやすいように一回三時間のセッションを月に二回、半年間行う。

② 会場は、参加者が安心して参加できるように、毎回同じ会場を使用する。

（3）グループの成熟度に合わせて、セッションの内容を調整していく。

ディレクターが、初めて運営する連続のグループであり、参加者も多様なので、セッションは三段階中の第一段階の「グループ作りのサイコドラマ」をメインに行うことにする。グループが成熟し、個人の成長が早く見られた場合は、「自発性を育むサイコドラマ」のドラマ技法も検討する。

（4）グループの成熟度、個人の成長に合わせて、再度、目的を確認する。

一クール終了後、継続する場合は、グループの成熟度と個人の成長を考慮してグループの目的を変更し、それに合わせて、「自発性を育むサイコドラマ」「問題解決のサイコドラマ」のドラマ技法に取り組む。

〈ポイント〉

・初めての連続グループなので、助手は経験豊富な人にサポートしてもらうと良い。助手には、最初から関わってもらっても良いし、グループの構造が決まってから参加してもらっても良い。
・参加者が多様なので、ドラマ技法に入る前の、トーク＆シェアやウォーミングアップは時間をかけて行い、グループに信頼関係ができてからドラマ技法へ入る。
・参加者募集の際には、治療目的ではないことを明言し、通院中の人が参加を希望する場合は主治医の許可を取るなどして、安全性を確保する。
・ドラマ技法の選択は、同じものを何度繰り返しても良い。同じ技法でも、グループの成熟度によって内容は変わっていくので、無理に毎回ドラマ技法を変える必要はない。

Ⅱ　練習してみよう!

増野式サイコドラマの実践にあたって、グループの運営の方法、セッションの手順などを見てきたが、やはり、サイコドラマのディレクターになるためには実際に経験を積むしかない。しかし、実践の場を持つことは多くの人にとっては容易ではないだろう。そこで、セッションを通して行うことはできないまでも、ディレクターの基礎となるいくつかのテクニックの練習を日常生活の中で行うことを提案したいと思う。セッションの一部ではあるが、これらができるようになれば格段に、安定したグループを運営しやすくなるのではないかと思う。

1．トーク&シェア

「トーク&シェア」は増野式を行うにあたって、とても重要な時間である。特にグループ作りの段階ではこの「トーク&シェア」がどのような時間になるかで、今後のグループのあり方が変わってくる。そして、この「トーク&シェア」を成功させるには、ディレクターと参加者は、「他人の問題（話題）に介入してはいけない」ということを理解し、しっかり心に留めておかなくてはいけない。しかし、往々にして、二巡目のシェアの過程で他者への介入がされることが多い。それは、他者の話を聞いた後の「シェア」に問題がある。介入が起きてしまう原因の一つは、「共感」と「評価」とを思い違いしているからだろう。また、他者の話を聞いた後のひらめきや、関連した自分の経験した事柄への発想の転換が求められているのに、他者の話の中に入っていってしまうからであろう。「トーク＆シェア」の基は、「言いっぱなし聞きっぱなし」というグループワークである。したがって、進化形の「トーク＆シェア」でも、他人の話は聞きっぱなしにして、シェアする内容は、あくまでも自分の気持ちや経験など、自分の話でなくてはならないのである。つまり、シェアで求められているのは、他者の話を通して、自分の世界の広がりを作ることなのだ。決して、他者の話の中に入ってはいけない。

ここで、他者へ介入していいのはディレクターのみである。しかも、ディレクターが介入する場合も、介入する理由と介入の仕方を十分に心得ている必要がある。この介入の仕方を間違えてしまうと、その後のドラマセッションでドラマが主役のモノではなくなってしまう。ディレクターの介入は、「トーク＆シェア」のスムーズな進行と、発言者の言葉の整理のために行われる。決してディレクターの興味で介入したり、意見を言ってはいけない。

練習①
家族や友人の話を聞く時に、自分の意見を挟まずに最後まで話を聞いてみよう。
質問をする際は相手の話を理解するためのものに留める。

練習②
家族や友人の話を聞いた後、その話題に触発されてひらめいたこと、思い出したことを書き出してみよう。
その話題に対する意見や感想にならないように気を付ける。

2．ウォーミングアップ

ウォーミングアップは、参加者同士の理解を深めて、自分のことを安心して話せる場を作るための時間である。と同時に、日常の空間とドラマというもう一つの世界（Surplus Reality）の橋渡しでもある。そのために、ストレッチやパントマイムなどで体を使い、言葉から非言語的コミュニケーションとへと幅を広げ、同じ動きをすることでミラー効果として共感を得ていくのである。

ここでディレクターに求められるのは、想像力と説明力と質問力だろう。

例えば、ボールを投げ合うウォーミングアップをするとしよう。もちろんボールは実際には存在しない。想像上のボールだ。それを参加者に見えるようにしなければならない。ここでただ、「ボールがあります」と言ってしまうと、大きさや硬さなど、個々人で連想するものが違ってしまうので、同じボールを見て投げ合うということができない。そのためにはまず、ディレクター自身にボールが見えていなければならない。そして、自分が手にしているボールの大きさ、色、感触や重さといった特徴を、参加者の想像力を掻き立てるように、口頭で説明しなければならない。また、グループワークなので、一度に大人数に対して行動を言葉で指示しなくてはならない。「ここにビーチボールがあります（両手で抱えて大きさを示す）。柔らかいので当たっても痛くありませんが、誰に向かって投げるか声をかけてから投げます。受け取った人は、次の人の名前を呼んで投げてください」という具合だ。

また、「○○教室」といって、参加者の得意なスポーツや料理などを「講師（先生）」になって教え合うというウォーミングアップがある。超一流のパントマイマーでもない限り、ただジェスチャーでやって見せただけで皆に状況を理解させることはできない。ディレクターは「今日はAさんのお料理教室です」「どんなお料理を作りますか?」「必要な材料は何と何ですか?」「人参はどのくらいの大きさに切りますか?」「煮込む時の時間と火加減は？」というように、「講師」役の参加者に適切に質問をして、皆が理解できるように言葉を引き出すことが大切になる。

このようにディレクターが、参加者の想像力を刺激し、見えない世界を目の前に登場させることができるかどうかで、ウォーミングアップの盛り上がりが大きく変わってくる。そして、それはドラマのセッションにも影響する。

練習①

スポーツのインストラクターや料理教室の講師になったつもりで、エアスポーツの動きや料理の材料や手順を言葉で説明してみよう。

練習②

家族や友人に、好きなもの（食べ物、季節、場所など）を尋ね、なぜ好きなのか、どんなふうに好きなのかを具体的に答えてもらえるように聞いてみよう。

3．インタビュー

インタビューはセッションの成功を握るカギである。そして、最大の難関でもある。しかし、先ほど記した適切な介入と、想像力を刺激する説明力が身に付いていれば、自ずと良いインタビューができるようになるだろう。

ウォーミングアップでは、ディレクターの手によって、想像の世界が開かれ、参加者はそのもう一つの世界（Surplus Reality）の中で自己を表現していく。しかし、ドラマセッションでは、ディレクターのサポートを受けながら、参加者自身がもう一つの世界（Surplus Reality）を自ら生み出すことになる。そうなると自ずと、インタビューによって、何を引き出せるかが重要になってくる。

主役を演じる本人が普段は思い出さない意識の奥底にしまい込んでいる記憶や、それにまつわる感情にスポットを当てて、引き出していかなくてはいけない。それには、通り一遍の質問ではなく、その人の言葉をよく聴き、「状況ばかりを語る人には感情を」「感情ばかりを語る人には状況を」聞き出すのである。また、主役は過去の出来事として語ることが多いので、現在進行している物語として語ってもらうことが重要になる。

いつ、どこで、だれが、何を、なぜ、どのように、どうした、といった基本的な質問に五感を合わせて引き出していく。五感を合わせるとは、例えば、補助自我である「木」についてインタビューをするとする。いつから生えているのか、どんな色や形なのかだけでなく、その木が放つ香りや、触れた感触、取り巻く環境から聞こえてくる音などだ。もしかしたら、木の皮をかじった時の苦い蜜の味の記憶を引き出せるかもしれない。感情も同じだ。インタビューの仕方によっては、木と対面した時に芽生えた感情は単純な喜怒哀楽だけでなく、喜びで胸が熱くなったり、ショックのあまり音がこの世から消えたように感じたり、皮膚をさすようなチクチクとした緊張を引き出せるかもしれない。

このようにしてインタビューを積み重ね、主役の心の中の物語を展開させていくのだ。

練習①
「今日一日の出来事」「最近興味を持っていること」などテーマを決めて、いろいろな人にインタビューをしてみよう。

練習②

家族や友人を相手に「自己紹介のサイコドラマ」や「もう一つの地球」のインタビューを練習してみよう。

第5章　増野式サイコドラマQ&A

Ⅰ　サイコドラマに参加する（かどうか迷っている）人編

Q1．「サイコドラマ」と聞くとなんとなく怖いイメージがあります。

A1．昔、『サイコ』という殺人鬼を扱った恐怖映画がありました。その映画が評判だったこともあって、サイコドラマは映画「サイコ」のように恐怖を扱ったドラマだと誤解されてしまった面があるようです。しかし、「サイコ」とは心理（Psychology＝サイコロジーの略）という意味です。心理的な背景を持った課題を対象とする劇（ドラマ）形式の集団心理（精神）療法であることから、サイコドラマと名付けられました。ですから日本では「心理劇」とも呼ばれているのです。人間の心理的問題を対象としたドラマということであり、特に怖いドラマではありません。

しかし、隠されていた心理が明らかにされるのですから、人によっては怖いと感じるのも当たっているかもしれません。ただし、サイコドラマは、あくまでも本人が自分の問題を明確にして整理したいという希望があった時に行われるものであり、決して本人の同意なく行われることはありません。

Q2．精神療法は数多くありますが、その中でも先生はなぜサイコドラマを勧めるのですか？

A2．最初から何が何でもサイコドラマを勧めているわけではありません。人によって、カウンセリングや森田療法など、別の治療法を勧めることもあります。特に、グループが苦手で拒否する人には勧めません。しかし、グループへの抵抗が少なくなった時には、増野式サイコドラマを勧めています。なぜなら社会の中で生活をするには、家族や学校などのグループの人たちと支え合うことが必要となるからです。

増野式はグループワークとしてのセッションをとても大切にしています。グループワークの良さは、参加者同士の間で、サポートしたり刺激を与えたりすることによって相互作用が生じ、一対一のカウンセリングや他の精神療法よりも多角的に多くの気づきが得られることです。モレノは「サイコドラマは人間関係や環境状況の事実を理解する技法だ」と言っており、ドラマの中では、自分の置かれている状況が的確に見えてきます。そして、信頼できるグループに入り、自分は一人ではなく同じように傷つき、悩んでいる仲間がいることに気づきます。このようにサイコドラマでは個人のカウンセリングでは得られないものを受け取り、その結果として、自発性を育み、自らの力で幸せになるヒントと力を得られるのです。

また、表現の楽しさ、ドラマ作りの楽しさを味わえることも増野式を勧める理由の一つです。治療は効果的な方法であることは重要ですが、何よりもそれらを続けなくては意味がありません。続けるためには楽しいことの方が無理がありません。増野式には観客がいません。人の目を気にせず自由に表現し、皆で楽しくドラマを作るのです。このように楽しみながら、子ども時代に持っていた自発性を取り戻し、育むことで、いつの間にか問題が解決しているというのが、理想的だと思います。

Q3. サイコドラマに向いている人、不向きな人はいるのでしょうか?

A3. サイコドラマは集団精神療法であり、人前で演じることが必須です。参加者は集団や演じることに抵抗がない人に向いているでしょう。逆に、集団が苦手な人にはハードルが高いかもしれません。ただし、増野式サイコドラマはグループを苦手にしている人にも参加できるように工夫がされていますので、むしろ、グループ体験が必要なことは認めていても、グループの中でなかなか発言ができず、いつも思うことが言えないで悩んでいる人には良いと思います。増野式では、まずグループ体験を積み、徐々に自己開示していきますので、参加したいと思う人は誰でも参加することができるでしょう。ですから、増野式には特定の向いていない人というのは、あまりいないと思います。ただしどんな人でも、本人のその時の心の状態によっては、マイナスになる場合もあります。特に精神科を受診している人は、主治医の許可を得て参加してください。

Q4. サイコドラマはどんな病気や症状に効果があるのでしょうか?

A4. サイコドラマは病気や症状に合わせて行うものではありません。特に、増野式では、自発性を育み、自らを活かし治る力を引き出すことで、危機の時にも乗り越える力を身に付けることが目的であり、病気を治したり症状を軽減することを目的として行っているものではありません。ただし、その時、その時に抱えている課題に合ったドラマというものはあります。

Q5．私は一人で過ごすのが好きです。サイコドラマは必要ないのではないでしょうか？

A5．そうかもしれません。ただ、社会で生活をする以上はグループを避けることはできません。家庭も、職場もグループですから、自覚はしていなくても、人はグループの一員です。人は、どこにいても安心していられるグループをいくつか持っていることが必要です。一匹オオカミと言われる人もいますが、実は本人の知らないところで多くの人に支えられているものです。今、必要を感じなければ参加しなくてもいいと思います。しかし、いつかグループが必要になった時、突然グループに参加するのが難しいと感じることがあるかもしれません。そんな時に増野式サイコドラマに参加してみてはいかがでしょうか。

また、統合失調症の権威である故中井久夫氏は、「社会の中で病気を再発せずに頑張っている人は、地域の中で、自分がよりどころとなるグループを持っている」というようなことを言っています。病気を抱えていない人も同じで、壁にぶつかり、失敗し、心が折れそうな時、グループの存在に助けられるでしょう。増野式のグループが心の拠り所として活用されているところも多くあります。

今は必要なくても、増野式サイコドラマという手段があるということを知っているだけで、心の安定につながることもあるかと思います。

Q6. 私は初対面の人と話したり、大勢の人がいる場が苦手です。サイコドラマは向いていないでしょうか?

A6. 初対面の人と話すのが苦手な人はたくさんいます。私も最初は苦手でしたが、そのような状態を改善するのに増野式が役立つのです。

増野式はまず、安心できるグループ作りから始まり、そのグループの中で、話す経験を少しずつ積んでいきますので、だんだん話せるようになってきます。安心して話ができる環境を作るためのルールがあり、ディレクターがこれらのルールが守られるように見守ってくれています。例えば、人の話に介入することを禁止しますので、傷つけられる思いをすることは少ないでしょう。人の話を聞く練習もしますので、上手く話すことができない人がいても、他の参加者が優しく受け容れてくれます。一般に話すことが不得手の人もいますが、ここで多くの人の話を聞いているうちに話し方のコツなども身に付いてくるでしょう。

また、大勢の人が苦手という人は、なぜ苦手なのか？　と考えると、大勢の人と会うと一度に多くの情報（不安材料）に対応しなくてはいけないという側面が大きいのではないかと思います。これらに対応する能力やスピードには個人差がありますし、グループに慣れていない人は大変だと思います。だからこそ、増野式では多くの時間をグループ作りの時間に割いています。時間をかけてお互いを知り合っていけば、徐々に不安が薄れて苦手意識がなくなっていくでしょう。

一人ひとりのペースで、まずは自分を表現することから始めてみてください。

Q7．人前で個人的な話をすることに抵抗があります。個人情報が漏れたりしないのでしょうか？

A7．増野式はまず安心できるグループ作りから始まり、皆で共有しやすいポジティブなドラマを経ていくうちに、だんだんと自己開示できるようになっていきます。これはグループワークのいいところです。最初は抵抗があっても、人の話を聞いていくうちに、だんだんと自分の話ができるようになっていきます。もちろん、心の準備ができていない場合は、パスをしても構いませんので、ご自分のペースで自ら話してみたいと思ったことを思った時に話をしてください。それまでは、人の話を聞く練習をしているだけでもいいかもしれません。

次に、個人情報についてですが、サイコドラマに参加する人は、最初に、「ここで話されたことはグループの外では話さない」と約束をしてもらいます。秘密が守られるという前提があるから安心して話せるのです。そうは言っても、外部の人に話してしまうのではないか、約束を守らない人がいるのではないか、そんな不安があると思います。信用ができなかったら、無理に話す必要はありません。そのグループで話せると思うことを話してください。

グループが進んでくると、相互のコミュニケーションが進み、信頼感が生まれてくると思います。そうなると、かなりのことが話せるようになってきます。そして、信頼性の高いグループを作るためには、ディレクターの存在はとても重要です。ディレクターは毎回必ず、このことに触れ、安心できるグループ作りのために秘密厳守の重要性を伝えましょう。

Ｑ８．サイコドラマには台本がありませんが，ドラマのテーマやセリフ等は，いつ，誰が決め，誰が演じるのでしょうか？　みんなで話し合って決めるのでしょうか？

Ａ８．サイコドラマに台本はありませんが，増野式にはドラマの型（ドラマ技法）があります。トーク＆シェアやインタビューで得た情報をもとに，ディレクターがどの型（ドラマ技法）でドラマを作るかを提案し，参加者の意見を聞いて決めます。ドラマの内容は，主役を演じる人自身のドラマです。他の登場人物（補助自我）もそのセリフも，主役がディレクターの援助を受けながら決めます。もちろん，すべてを主役が一人で決めるのは難しいので，他の参加者の助けを借りてセリフを作ったり，補助自我の自発性に任せて演じてもらうこともあります。その場合は，ディレクターが主役に，「助けが必要か？」を尋ね，必要な場合は，「誰に手伝ってもらうか（補助自我をお願いするか）？」などを確認しながら行い，主役が納得できないセリフやシーンがあれば申し出てもらい，主役の納得したドラマに作り直します。つまり，主役が表現したいものを表現できるように，全員が協力するのです。

このようにして，主役がディレクターと参加者の助けを借りて，自分のドラマを作り上げていくのです。

Ｑ９．劇なんて小学校以来やったことがないし，人前で演じるなんて恥ずかしいです。

Ａ９．たしかに，いきなり演じるのは恥ずかしいかもしれません。でもなぜ人前で演じることが恥ずかしいのでしょうか？　それは，演じること自体が恥ずかしいのでしょうか？　それとも，注目されることが恥ずかしいのでしょうか？　どちらかによって答えは違ってきますので、それぞれ考えてみましょう。

現実ではないことをやることは馬鹿々々しい。これが大人の世界の中にある考え方です。そのような考えを持つ大人から、軽んじられ、冷ややかに見られているうちに、恥ずかしいとか馬鹿々々しいという気持ちが生まれてきているのです。それは大人が優れていて、子どももやがて大人になっていくべきだという思想を持っているからです。モレノはそれに反対して、子どもが持っている自発性を大事にしたのです。何も知らないで生まれてきた子どもが、新しい世界で適応していくには、子どもが持っている豊かな自発性が助けになるのです。その自発性を使って子どもたちは大きくなっていくのです。やがて、子どもは大人の振る舞いを学んでくると、それで事足りてしまうので、それ以上に新しいものを作ろうとしなくなります。それがマンネリズムです。そのマンネリズムを打ち壊して、子どもの自発性を取り戻すために作られたのがサイコドラマです。馬鹿々々しいと言ってその場に留まるか、自発性を取り戻すか、それは皆さんの選択です。

注目されること自体が恥ずかしいと考えるのなら、それは自尊心が低いためかもしれません。自分自身が自分を尊重できていないのではないでしょうか？　そうであるならば、それこそ増野式の出番です。いきなり演じるのではなく、まずは「トーク&シェア」で自分を表現し、受け容れられる体験をしてください。演じるのは心の準備ができてからでいいのです。グループの力を借りて、自分を表現し、尊重する経験を積んでいくと恥ずかしさより、喜び、楽しさの方が勝ってくるでしょう。

また、増野式には観客がいませんので、「自分がどう見えているか」を気にする必要もないのです。

Q10．増野式サイコドラマは、遊んでいるように見えます。やっていて何か役に立ちますか？

A10．とても大切な質問です。その通り！　遊んでいるのです。子どもは遊びの中で自発性を発揮して成長していきます。しかし、大人になると、それぞれの社会的役割ができてくるので、子どものように遊ぶことができなくなります。それをモレノは変えようとしたのです。舞台という自由な空間で遊ぶことができるのがサイコドラマなのです。それによって自発性（Spontaneity）を取り戻すのです。いくつもの危機を乗り越え豊かな人生を送るには、豊かな自発性が必要なのです。その反対はマンネリズムです。確かに同じことを繰り返していればエネルギーを使わないので生活は楽です。しかし、一方で自発性を枯渇させます。そして、危機にぶつかった時にどう振る舞ったらよいか分からなくなるのです。そこで、大人になっても子ども時代の「ごっこ遊び」ができる空間としてサイコドラマの舞台が必要になるのです。

Q11．増野式サイコドラマは「問題解決を目的としない」と言いますが、問題や悩みが解決しないのなら、やる意味がないように思います。

A11．問題を解決しようとして問題に固執すると、かえって問題をこじらせてしまうということがあります。人の前で緊張することにこだわる対人恐怖症や、不安を取り去ることにこだわり、不安がいつも心配の種になる不安神経症の人たちを、森田正馬は森田神経質と言いました。森田療法では、不安を完全になくすというような不可能なことにこだわって症状を悪化させている人に対して、治そうと努力することをやめさせて、治そうとする気持ちの裏にある、「より良く生きたい」と言う欲望（生の欲望）にのっとって日常生活を良くするように指導します。統合失調症患者の家族に、患者本人の病気を治したい、治ってほしいという気持ちが強いと、そのことが感情的な態度を生み、感情表出（Expressed Emotion）が高くなり、患者本人の病状を悪化させて治りにくくすることが証明されました（ＥＥ研究）。そこで、治そうと焦ることで、症状を悪化させるよりも、良くなることを信じて待つこと、その人の良い面を強化することなど、家族が正しい知識を身に付けるように家族教育が始まったのです。

このように、治そうと努力してかえって悪くする例はたくさんあります。そこで増野式では、その人の持っている良い面が強化され、生きる力、治る力が発揮されるように、問題解決を目的としないで、楽しいドラマや希望が持てるドラマに焦点を当てることにしたのです。増野式は、問題解決だけを目的としませんが、結果として、問題を解決する力を身に付け、いつの間にか問題が解決していたり、問題が解決していなくても、自分を活かして生きていくことができるようになるのです。

ただし、増野式の中にも問題解決を目的として行うドラマ技法もあることはあります。それについては、巻末の技法一覧を参照してください。

Q12．増野式では今を重視しているので螺旋理論を採用していないと聞きましたが、「思い出レストラン」や「思い出○○」など、過去を扱うドラマもやっていると思います。どう違うのですか？

A12．増野式では過去のドラマも行いますが、現在の問題から入りトラウマの原因になった過去と対峙してやり直し、現在に戻ってくる「螺旋」とは違います。

昔食べて思い出に残っている食べ物を提供してくれる「思い出レストラン」では、亡くなった祖母が作ってくれたおはぎや、子どもの頃家族で食べに行ったレストランのオムライスなど、今は食べることのできない懐かしい味を思い出のシーンとともに再現して味わいます。昔観て印象に残っている映画や芝居を上映（上演）してくれる「思い出シアター」では、夏休みに家族で観に行った人形劇や、学生時代失恋して一人で見に行った映画など、思い出に残っている作品のワンシーンを再現し、登場人物から今の自分へメッセージをもらいます。これらは過去のドラマではありますが、過去を再現することで自分を支えてくれた人間関係や作品などを振り返り、現在の状況や悩みなどを乗り越えるヒントを得たり、自分がさまざまな人や物に支えられ影響を受けて存在していることに気づいたりするのです。

Q13．大勢の前で、自分の悩みや問題を劇にした場合、後悔したり、恥をかいたり、傷ついたりしそうで怖いです。

A13．自分の悩みを他者に話すということはとても勇気のいることです。それは弱点を知られることでもあるからです。勇気を出して話したところで、受け容れてもらえるかどうかも分かりません。上手く話せず誤解されてしまうこともあるでしょう。そう考えると他人に自分の悩みを話すということは、とても怖いことです。それ以外にも、「自分のドラマがつまらなくて皆が退屈してしまったらどうしよう」「不快にさせてしまったらどうしよう」と考えると不安は尽きません。これでは行き着く先は、結局は何もしなかった方が良いのではないかという考えになりかねません。

しかし、こういう不安は参加者全員が多かれ少なかれ抱いているものです。それでもなおかつ、何か変化を求めてサイコドラマに参加しているのです。最初から自分の深層にある大きな問題をいきなり開示する必要はないのです。まずは話しやすいことから、自分のペースで開示していけばいいのです。グループで他愛のない話や自分の好きなことなど話しているうちにグループが成長し、信頼できると感じた時に、少しずつ話していけばよいのです。それでも怖い時は、その怖いという気持ちを、話してみてはどうでしょうか？　自己開示は誰にとっても不安なことです。その不安をドラマにしてみると、グループからの応援や共感、気づきを多くもらえるのでしょう。

Q14．サイコドラマで傷ついたという人の話を聞きます。問題との対峙で傷つきそうで怖いです。

A14．「古典的サイコドラマ」は、深層心理に触れて、本人が悩んでいる心理のからくりを明らかにして、それに対処できる生き方を見つけていきます。そのための心の準備ができていない場合や、自己開示後の対応が上手くいかないと傷ついてしまうことがあります。しかし、多くの人は現実世界の中でそういった傷つき体験を繰り返しながら、それを克服して成長してきたのです。時には傷つくことがあっても、そこから立ち直る力は自分の中に持っているものなのです。

現実の世界で体験したら傷つくようなことも、ドラマの中だからこそ思い切って体験することができます。それがサイコドラマです。例えば子どもの時に父親に反発して口答えをしたら殴られた、怖くて何も言えなかったという人も、サイコドラマという舞台の上では父親に何でも言いたいことを言うことができ、殴られることはありません。しかし、ドラマの中で自分でも気づかなかったような心の深いところにある問題にぶつかってしまった時は、現実世界ではないといっても衝撃を受けてしまうこともあります。

そこで増野式サイコドラマでは、グループの成熟度とディレクターの経験値に合わせ、それぞれにあったドラマを行います。まだ深層心理に向き合う準備ができていない参加者には、深層心理に踏み込むようなドラマは行いません。問題を解決することだけを目的とせずに、その人のプラスの面を強化することで、いつの間にか自信がつくようにサポートしています。子どもの頃の世界を支えていた感性や自発性を活性化して、楽しいドラマをすることで少しずつ自信を取り戻すようにするのです。したがって、傷つくことも少なくなります。問題との対峙は自信を取り戻してからでいいのです。また、その人の自然治癒力が復活してくれば、問題は解決しなくてもやっていける場合もあります。各自が自分のペースでサイコドラマに参加すればよいと思います。

Q15．自分のことでも精一杯なのに、人の話を聞く余裕はありません。ましてや、人のために演じるなんてできそうにありません。

A15．自分のことで精一杯なくらい余裕がないからこそ、他人の力が必要なのだと思います。まずは自分のことで精一杯という気持ちをグループの中で話してみてはいかがでしょうか？　良いことも悪いことも、一度自分の外に出してみると、また違う見方ができるものです。それを他者に受け容れられた時、エネルギーが湧いてきたり、少し余裕が出てきたりします。人の話を聞くのは、それからでもいいのです。演じるのも同じです。まずは自分のドラマを自分で演じるところから始めましょう。人のために演じるのはちょっと待ってもらえばいいのです。もしくは、簡単な役からチャレンジしてもいいです。補助自我の中にはセリフもなく、ただ見守っているというような役もあります。続ける自信がなければ、まずはオープングループに参加してみてください。何か、自分にとって必要なものが感じられたら、その時はクローズドグループに参加してはいかがでしょう。もし何も感じられなかったら、今はまだその時ではないのかもしれません。その時が来るのを待ってください。こんなグループがあることが頭のどこかにあれば、ある時、参加したくなるかもしれません。

人のために演じるのも同じことです。そのことが楽しくなければ、まだその時ではないのでしょう。いつか、やってみたいと思う時に参加してみてください。

Q16．病気や仕事などで、グループに連続して参加するのが難しい場合はどうしたらいいのでしょうか？　一回だけ参加することはできますか？

A16．サイコドラマは連続して行われるクローズドグループが一般的で、できればそちらに参加することが望ましいでしょう。しかし、どうしても連続で参加が難しいのであれば、一度だけでも参加できるオープングループもありますので、そちらに参加されてはいかがでしょうか。セミクローズドグループがあれば、そこに参加するのも良いでしょう。

まずは、自分のペースに合わせて、できる範囲でサイコドラマ体験を積んでみるといいと思います。

Q17. オープングループとかクローズドグループとは何ですか？

A17. オープングループは参加者や期間が決まっておらず、誰でもが、時間の空いた時に自由に参加できるグループです。自由に選択できる利点がありますが、毎回、参加メンバーが変わるために、前回の成果を活かすことが難しく、知らないメンバーの中でやることによる不安もあります。

クローズドグループは最初から参加者するメンバーを決めて、そのメンバーで一年なり半年なりの期間、定期的に行う形式です。だんだんとグループが作られていき、同じメンバー同士の安心感の中で相互の成長が見られるのが良いところです。

セミクローズドグループは、メンバーの定員の一部が固定されているグループです。固定メンバーがサイコドラマに適した人数よりも少ない場合にそれを補うメンバーの募集をするなど、メンバーの一部は一回ごとの参加者となります。治療的効果を求めるのなら、クロースドグループが適していますが、セミクローズドグループには、一定の人たちの中に、毎回新しい人が参加することが刺激となり、思わぬ効果を期待できる利点もあります。

Q18. サイコドラマの基本的なルールとは何でしょうか？

A18. サイコドラマの基本的なルールは

1. サイコドラマはドラマ（フィクション）である。

ここで行われることはドラマ（フィクション）の世界です。ドラマですから演技の枠を守ることです。例えば、殴る真似は構いませんが、殴ってはいけません。

2．ドラマの内容は主役が決める。

ドラマの内容は、主役本人が決めます。ディレクターや他の参加者はサポーターに徹し、決して自己開示を強要したり、主役の言動に意見、評価をしてはいけません。

3．ディレクターの指示に従う。

サイコドラマの世界ではディレクターの指示に従うことです。ドラマは主役の意向に沿って展開しますが、そのドラマが本人や他の参加者を傷つけないようにコントロールしているのがディレクターになります。

4．守秘義務

セッション中に知り得た情報は外部に決して漏らしてはいけません。ここで話したことは外に漏れないという前提で、メンバーは自己開示をしています。安心できるグループであることの根本に関わりますから、これは必ず守ってください。

この四つがサイコドラマの基本ルールになります。

ルールとは、違う意見の者同士の主張がぶつかって、個々が傷つかないために設定するものです。そのことを念頭に、ディレクターを務める一人ひとりが、参加者の表現の自由を確保しつつ、グループの安心安全について常に追求する姿勢が必要になってきます。

Ｑ19．補助自我とは何ですか？　相手役とは違うのですか？

Ａ19．補助自我とは相手役に限らず、主役のドラマの世界を作る主役以外のすべての登場人物（人だけでなく動植物、自然、無機物も含みます）です。

「補助自我」とは「自我」を補うという意味です。生まれてきた赤ん坊は、自分一人では生きていけません。母親という「補助自我」の助けがあることで生きていけるのです。その自分の足りない部分を補ってくれる存在である、家族、友人、先生といった人たちは重要な補助自我であり、人生で出会う人、モノ、自然のすべては補助自我であると言えるかもしれません。また、内面の感情や尊敬する人、物語の中の架空の存在も補助自我として登場します。相手役のような重要な補助自我とあまり重要でない補助自我との差はありますが、ドラマに登場するすべてが補助自我となります。

Ｑ20．補助自我で、人間以外のものを演じるのはなぜですか？

Ａ20．子どもにとってぬいぐるみが母親や友達の代わりの役割をすることは知られています。子どもが寝る前にベッドの上で、仲良しのぬいぐるみに一日の報告をしたり、悩みを打ち明けたりする。あなたも似たような経験があるかもしれません。ぬいぐるみは時には母親になり、友達になり、私たちをサポートしているのです。それ以外のものでは毛布やペットなども私たちをサポートをしていますし、故郷の風景、遠くに見える山が大切な存在であることもあります。

サイコドラマでは、そのような動物や物質も、すべて補助自我として、その人をサポートする役として演じられるのです。子どもの時代のぬいぐるみから、スマホ、自動車などあらゆるモノが、その人のできないことを補ってくれているのです。そのような役をドラマの中で主役自身が演じ役割交換しながら、物質や自然が自分をどのように支えてくれていたのか、どんなメッセージを与えてくれていたのかを見つけるのです。

Q21. サイコドラマは即興劇と聞きました。急に役に指名されてもセリフが思いつきそうにありません。どうしたらいいでしょうか？

A21. セリフ作りは主役が行います。役に指名された人が考えるわけではありません。登場人物を決めるのも主役です。

主役はディレクターの援助を受けながら、登場人物を演じながらセリフを作っていきます。役に指名された人は、主役の作ったセリフをそのまま真似をすればよいのです。

しかし、グループが成熟してくると、補助自我自身から自然とセリフが出てくることがあります。そういった場合は、そのまま浮かんできたセリフを述べることもあります。ただし、それも主役の承認が必要です。主役にとって違和感がある時には、主役によって修正されます。承認が得られた場合は、補助自我から自然に浮かんできたセリフをそのまま活用する場合もあります。

Ｑ22．補助自我を演じた時、主役が言ったセリフが覚えられない時はどうしたらいいでしょうか？

Ａ22．正確でなくても言いたいことの本質をつかんでいれば、細かい文言は違ってもかまいません。また、ディレクターはポイントを押さえているので、補助自我役の人がセリフを忘れていたらプロンプターの役をしてくれます。忘れたら主役に聞き直してもいいのです。

問題なのはセリフを覚えられないことより、演じているあなたの気持ちが入り込んで、主役が作ったセリフの内容を変えてしまうことです。演じているうちに、自分の問題が出てきてしまい、自分の感情が言葉になってしまうことがあります。それはその人にとっては重要ですが、サイコドラマでは主役が中心で、主役が自分のことを表現できるように助けないといけないのです。

Ｑ23．ディレクターが指示していないのに、勝手にセリフを言ったり、登場人物にない役を演じだす人がいます。どういうことでしょうか？

Ａ23．グループが成熟し、参加者の自発性が豊かになってくると、補助自我が自発的に演じる場合がありえます。ただし、その場合も主役の承認が必要なことは変わりありません。主役が望まない場合や、別の人を希望した場合は修正されます。サイコドラマは、主役の人の世界を再現するわけですから、ニュアンスが異なる人が演じれば、イメージが異なるからです。自分の求めているものと違うと思ったら、主役はその旨をディレクターに伝え、ディレクターは主役の意に反して補助自我が演じないよう注意します。ただ、時間の関係で、特に反対がなければ、自発性の高い人に任せてドラマを進行させることはあります。

Q24．役割交換（ロールリバース）とは何ですか？　役割交換する意味は何ですか？

A24．主役が自分以外の役割になって演じてみることを、「役割交換（ロールリバース）」と言い、ドラマを作っている過程で重要だと思われる人物（やモノ）が現れた時に行います。ドラマの中で自分以外の役の行動を振り返りながら演じることで、その役の気持ちや、それらが自分をどのように支えてくれていたのか、などに気づくことができます。

例えば、主役が役割交換して、いつも怒っている母親役になってみます。ディレクターから「あなたは○○さん（主役）のお母さんですね？」「お仕事は何をしているのですか？」「今何をしているところですか？」「どうしてそんなに怒るのですか？」などとさまざまな質問をくりかえされることで、母親がどんなふうに怒っていたのか、なぜ怒っていたのか、母親の立場に立って考えることになります。すると、主役にとって、ただ怒鳴るだけの存在だった母親には、親として抱えているいろいろな気持ちやストレス、悲しみ、苛立ち、自分への愛情などがあることが分かってきたりします。

また、主役が庭の木などを大事な存在としてドラマに登場させたものの、どうしてその木が大事な存在なのか主役自身にも分からなかったとします。そのような時、木と主役が役割交換をして、ディレクターから、「○○さん（主役）は庭の木のあなたが大事な存在だと言っていますが、何か思い当たりますか？」「いつからそこに生えているのですか？」などと質問されることで、目まぐるしく過ぎる日々の中、庭の木は主役の幼い頃から、どんな時でも、いつも変わらず見守っていたことや、その木の前では気負うことなくありのままの自分でいられたことに気づき、木が主役の重要な存在になった意味が分かってきたりするのです。

Q25．役割交換をしても、他人やモノの本当の気持ちは分からないと思います。

A25．確かに他人の本当の気持ちは分かりません。しかし、サイコドラマで大事なことは、事実を知ることではなく、気づきを得ること、言うなれば「心的真実」を得ることです。

「事実」とは、「実際にあった」と多くの人が認める客観的な事柄であり、「真実」は人それぞれが考える本当のことで、客観的なことではなく、主観的なものです。つまり、実際に起きた事実は変わらなくても、役割交換をして違う立場、違う視点でモノを見ることによって体験した人の解釈は変わってくるのです。言い換えれば、「事実」は一つしかありませんが、「真実（解釈）」はいくつもあります。そのいくつもの「真実」は可能性であり、豊かな心へつながっていきます。

マンネリ化した役割の中で構築された人と人の関係も、役割交換をすることで、新しい可能性が見えてきます。そして自発性をもって、新しい関係を模索することで、現実の世界での人間関係に変化が出てくるのです。

Q26．役割解除は何のためにやるのでしょうか？

A26．役割解除とはドラマが終わったというセレモニー（儀式）です。このセレモニーをやることで、ドラマが終わったという一つの区切りがつきます。お芝居では、幕を下ろすことがこれにあたり、その役からの解放を意味します。そうすることで、役を現実の自分と切り離すのです。これが上手くできないと、役で演じた感情を引きずってしまうことがあります。憎まれる役や傷つけられる役、過去の嫌な体験を思い出させる役などを演じた後は、この「元の自分に戻る儀式」をすることで、気分を切り替えるのです。

ただ、増野式サイコドラマでは、深層心理を掘り下げるドラマをあまり行いませんので、役割解除は行わないことが多いです。その代わりに、ドラマの終わりに拍手などをして終了します。

しかし、補助自我から役割解除をしてほしいという要望があった時や、ディレクターが必要だと感じた時には行います。

Q27. ロールシェアとは何ですか？

A27. ロールシェアとは、役割を演じた人から主役に言いたいことがある時に、役割を解除される前に各々の気持ちを伝えることを言います。

例えば、母親役を演じた人が主役に対して「お前は本当によく頑張っていた。そのことに気がつかなくてごめんね」など、母親役を演じて母親として感じたことを、役割解除前に伝えたりします。

Q28．賛同できない話を演じることに抵抗があります。また、宗教的、政治的、思想的に関わりたくないテーマの時はどうしたらいいのでしょうか？

A28．最初に、「演じたくない場合は演じなくていい」ということをお伝えしておきます。また、他人を批判したり、傷つけるようなテーマは取り上げないようにしています。基本的に参加者のそれぞれの希望は取り入れることになっていても、他人を不快にするようなテーマのドラマは避けた方が良いことをセッションの冒頭で共通認識にしておいた方がいいでしょう。

その上で本来のサイコドラマの意義も理解してもらいたいと思います。サイコドラマはドラマです。現実ではありません。演じる役が、自分の考えと同じである必要はないということを覚えておいてください。そして、受け入れ難い考えや、違う意見など、現実では直面したくない事柄をドラマという安全な場所で経験する機会でもあります。理解し難い人がなぜそう考えるのかを垣間見たり、自分にとってはとても嫌な事柄も、それをとても大切にしている人がいるということを知る機会でもあります。そして、その違いを受け入れるための方法や、受け入れ難い考えと付き合う方法を導き出す機会になるかもしれません。

最後にもう一度言います。サイコドラマは現実ではありません。ぜひ、テレビドラマや映画を観る時のように、自分の世界とは違う世界も無理のない範囲で経験することを楽しんでみてください。

Q29. 人の悩みを聞いているだけで、憂うつな気分になります。ましてや、その物語の中に入っていくのに抵抗があります。

A29. 前の質問と同じで、そのドラマのテーマが参加者の多くの人を不快にするようなものは避けるようにしていますし、参加したくない人は参加しなくても構いません。しかし、意図しないながらも、ネガティブな話の流れになってしまうことがあります。そして、増野式では共感というものを大切にするので、人に寄り添うあまりに、ネガティブな考えに巻き込まれてしまう場合があるのも事実です。しかし、共感と同時に、増野式では楽しむこと、ポジティブな面に目を向けることも大切にしています。ネガティブな発言が出た場合は、一度その言葉を受け止めつつも、ディレクターはポジティブなドラマに切り替えていく工夫をしていますので、憂うつな話題が続くということはありません。

Q30. サイコドラマで主役をやったのですが、言いたいことが言えず、意図したことではない方向にドラマが展開してしまいました。嫌な思いをしたり、ドラマの内容に納得がいかない場合はどうしたらいいのでしょうか?

A30. このようなことがないように、ディレクターは細心の注意を払っています。しかし、それでも言いたいことが言えず、意図していない方向にドラマが展開してしまった場合、ドラマをやり直すことができます。その場で修正できなかった場合は、シェアリングの時に、そのことを伝えましょう。また、なぜ言いたいことが言えなかったのかを次のドラマのテーマにしてもいいと思います。

Q31．サイコドラマをやってみて、とても感動したので家族や友人に話したいのですが、ドラマの内容は話してはいけないと言われました。まったく話してはいけないのでしょうか？

A31．ドラマの内容を話していけない理由は個人のプライバシーを守るためです。ですから、そこに触れないことなら構いません。個人が特定されないことはもちろんですが、具体的なドラマの内容を話すことはいけません。

しかし、ドラマを通して経験したことや感じたこと、自分のドラマをやってもらった感想などを話すことは問題ありません。サイコドラマの楽しかったことなど良い経験はどんどん話してください。話すことで、その良かった経験がより心に定着します。

Q32．グループの中に苦手な人がいます。どうしたらいいのでしょうか？

A32．グループの中には苦手な人がいるものです。その苦手を改善するためにサイコドラマという技法があるのです。Q27で賛同できない話についてお答えしましたが、人も同じです。ドラマを通して、苦手な人のことを理解し、受け入れ難い人とどう付き合っていくかを模索できるのもサイコドラマです。

例えば、大きな声を出す人が苦手だとします。無神経で乱暴な人間に見えるかもしれません。しかし、実はその人はただ耳が遠くて声が大きくなっているだけかもしれませんし、本当はその人自身、人が怖くて虚勢を張っているだけなのかもしれません。そんな表面だけでは分からない人の事情がサイコドラマを通して見えてきた時、その人はまったく違って見えてくるでしょう。耳が遠いのなら、近づいて相手に自分の声が聞こえるようにしてあげればいいかもしれません。虚勢を張っている人には、微笑んであげるだけで、今まで予想していた反応とは違う展開があるかもしれません。

森田療法では、問題を気にすればするほど、その問題に固執し、思いが強化されてしまうとしています。相手の事情を知っても受け入れ難い場合は「私はあの人が苦手なんだなぁ」と思うに留めて、自分のやるべきこと、自分のドラマに集中してみてください。

Q33. グループの皆さんが仲良くなっているのに、私だけ輪の中に入れません。皆さんのように演技もできないし、参加するのが辛いです。

A33. 前の質問と通じるところがあります。それは早々に判断してしまっているということです。輪の中に入れない私、演技の下手な私、そしてこの先も辛いであろうグループワーク。言い換えると、絶対ハッピーエンドにならないドラマのシナリオを、製作チームに何も相談せずに一人で作ってしまったようなものです。サイコドラマはグループワークです。そんなアンハッピーエンドのドラマを、ディレクターや皆の力を借りて、楽しいドラマに書き換えて、自分を活かすために行っているのです。疎外感を感じているのであれば、そのことを「トーク＆シェア」で話してみましょう。そして、ディレクターや参加者の皆さんに相談しながら、主役を演じてみてください。演技は下手で構いません。そのために、増野式には演技の良し悪しを評価する観客がいないのですから。サイコドラマで大事なことは演技の上手さではありません。大事なのは主役が自分を表現すること、自分を活かすために心を砕くこと、自分のいいところも、悪いところも受け容れること。そして、他の参加者は、主役がそれらを全うできるようにサポートすることが大事です。

増野式は全員が主役になれるドラマが中心です。チャンスは毎回のように訪れるので、最初は上手くいかなくても、何度か経験していくうちに、相談することや人の手を借りることも上手くなっていきます。上手くできるようになるまでは、ディレクターや助手に相談してみましょう。あなたが輪の中に入れるようになるのを、サポートし、見守ってくれます。

Q34.「人を評価しない」と言われますが、自分のことだけを話すのはとても難しいです。特に「トーク＆シェア」の二巡目で、つい人にアドバイスしたり評価してしまいます。上手く話すコツはありますか。

A34. それは多くの人がとってしまう言動です。人によってはアドバイスを求めてくることもあるので、ついアドバイスをしたくなってしまうのも分かります。しかし、そもそもサイコドラマの目的とは何でしょう？　増野式の目的をここでもう一度、確認してみましょう。増野式は問題解決にこだわらず、自発性を発揮して、生きる力を身に付けるのが目的です。だからこそ、ドラマもセリフも主役が決めるのです。ディレクターや他の参加者は、その表現のサポートをしますが、自ら答えを導き出す機会を奪ってはいけないのです。「トーク＆シェア」はドラマに入る前の、大事な自己表現の時間でもあります。そこに他者が介入してはいけないのです。まずはこのことを心に留めておかなくてはいけません。

そして、自分は自分のことに集中するということです。誰かの話を聞いた時、自分が何を感じたのか、自分が何を連想したのか、自分に集中するのです。誰かと対比して自分の考えを述べるのではなく、インスピレーションだけ受け取って、自分の考えは独立させて表現するのです。また注意しなくてはいけないのは、「良い」と言うことも評価だということです。一般的に褒めることや認めるということは良いことだとされていますが、ここではそれも禁物です。

Ⅱ　ディレクター（を目指している人）編

Q1．増野式サイコドラマのキーワードは？

A1．「全員主役」「観客がいない」「自分とグループの力を信じる」「自己表現と共感のシェア」「頓悟ではなく漸悟」「良いところを探す」「みんなは一人のために、一人はみんなのために」といったところでしょうか。

増野式では全員が参加してドラマを作ること、できるだけ多くの人が主役体験をして自発性を発揮できる場を作ることを重視します。そして、ディレクターはグループの力を信じて、あまり操作はせず、それぞれの自由を尊重し、悪いところを矯正するのではなく、本来持っている良い面を輝かせるようにすることに心を砕きます。そうして各々が演じた世界で共感した部分をシェアするのです。そうすることによって、一見違う人生を歩んでいるような、まったく相反する人物だと思っていた人ともつながりを感じ始めます。ディレクターはこれらを心がけて、グループを見守っていきます。

また、従来のサイコドラマは仏教用語で言うところの「頓悟」のように、一挙に悟りを開くことを目指しているようなものですが、増野式では少しずつ悟っていく「漸悟」を念頭に置いてサイコドラマを行っています。ですから、ディレクターは一気に問題を解決するのではなく、一人ひとりに寄り添って各々のペースに合わせてドラマを展開させていくことが求められます。
　そして、「一人はみんなのために、みんなは一人のために」をグループの共通認識に、参加者全員が各々の幸せを願えるようなグループ作りを目指しています。

Ｑ２．増野式サイコドラマをやる上で、ディレクターが最も大切にすべきことは何ですか？　ディレクターに向き不向き、必要な資質はありますか？

Ａ２．ディレクターが最も大切にすべきことは他者への信頼です。基本はカウンセリングと同じで、ロジャーズのクライエント中心療法のように、ディレクターは参加者本人の自己治癒力を信頼して、それに任せることができなくてはいけません。良いドラマを作ろうとするのではなく、本人が自らの力で表現し、いかに輝くかをサポートするのがディレクターの役割なのです。名女優キャサリン・ヘップバーンが自伝の中で、親しかったジョージ・キューカー監督についてこう書いています。「彼はなにをさしおいても、俳優をスクリーンで輝かせることに情熱をもやす。数ある名監督よりもジョージ・キューカーが好きなのは、彼が良い映画を作るのではなく、主演女優が輝くような映画を作るからだ」という彼女の言葉は参考になります。私自身も、良いドラマを作ろうとしていた時期は失敗することが多かったように思います。現在は本人の力を信頼して、参加者が輝やけるようにしています。そのためには、ディレクターは私情、興味、関心、ひらめきを優先させずに、参加者一人ひとりに寄り添い、参加者の気持ち、興味、関心、ひらめきをくみ取ることが求められます。したがって、強いこだわりがある人、自己中心な人、批評的な人、権威的な人など、他者や他の考えを受容できない人には向いていないでしょう。しかしだからといって、他人に影響を受けやすくてもいけないので、芯が強く且つ柔軟性に富んでいる人が向いています。

とはいっても、最初からこれらがすべてできる必要はありません。ディレクターもグループと一緒に成長していけばいいので、これらを目指して取り組んでいけるといいでしょう。

Q3. ディレクターとして避けるべき考え方、態度、言動はどんなことでしょうか?

A3. Ａ２と反対の態度です。良いドラマを作ることを考え、自分の興味、関心を基に質問し、ディレクターの先入観や感性を頼りにドラマを作ることです。さらに、参加者の考えを否定、評価をしてしまうことです。また良いドラマ作りのために、参加者を褒めて操作しようとすることです。褒めるのはいいと思われるかもしれませんが、褒めるのも評価の一つです。本当に良いと思ったのなら、褒めるのではなく、共感した気持ちを伝えるべきです。これは似て非なるものなので、気をつけてもらいたいと思います。

観客に良いドラマを見せるのは、職業的な演出家です。サイコドラマでは、あくまで参加者の表現したいことに焦点を当てていくことが大切です。

Ｑ４．ディレクターの条件とは何でしょう?

Ａ４．Ｑ１～３を踏まえた上で、ディレクターの条件とは、サイコドラマを経験し、その楽しさ、良さを知っていること。主役を演じたことがあること。支持的（サポーティブ）であること。自分をさらけ出しても不安にならない（自己開示ができる）こと、柔軟性があること、グループのメンバーの状態に気を配れることなどです。

ディレクターとしての経験を積み、ディレクターの姿勢を常に問うと同時に、ディレクターの役割に固執せず、社会の中で学生、会社員、先生、生徒、友人、患者、支援者などのさまざまな役割を持っているといいでしょう。

Ｑ５．「良いグループ」「悪いグループ」の違いは何でしょうか?

Ａ５．「良いグループ」「悪いグループ」というものは本来ありません。それは、グループの目的によって良し悪しが変わるからです。ですからここでは、増野式が目指しているグループについてお話しします。

増野式が目指しているグループは、そのグループの多くの人が安心して自由に表現することができ、心地よく（居心地よく）感じるグループです。ポジティブな面にスポットを当て、表現を楽しむことができるといいでしょう。しかし、一人ひとり好きなものも、嫌いなものも違いますし、大事にしているものも、心地よいと感じる事柄も違うので、全員が満足するというのはとても難しいことです。ある人にとっては大事なものでも、他の人からすると不快なものもあるかもしれません。ですから、表現の自由と同時に、自分と相反するものを受け入れる努力も必要です。またそれらが難しいと感じたら、その気持ち自体をグループで共有していくことができるグループが良いでしょう。

また、一見楽しそうに見えても、一部の人だけが満足し、弱い人が抑圧されていたり、一部の人が排除されてはいけませんので、「みんなは一人のために、一人はみんなのために」を念頭に、歩みは遅くてもグループ全体で成長していけるようなグループを目指しています。

Q6. グループを作る際、考慮するべきことは何ですか？ 経験者と未経験者、年齢、学生、社会人、治療対象者など、異なる立場の人たちはまとめたり、分けたりした方がいいのでしょうか？ 分けた場合、分けなかった場合の注意点を教えてください。

A6. 同じような社会的役割（学生、社会人、治療者、被治療者など）の人たちや、同じような目的や課題を持った人たちの集まりを「同質のグループ」と言います。それに対して、年齢や職業などの異なるいろいろな人が集まっているグループを「異質のグループ」と言います。同質のグループの方が、テーマも同じことが多くやりやすいのですが、異質のグループの方が思いもかけない意見が出てきて、広がりが見られます。

ディレクターが慣れていない時は同質のグループの方がやりやすいですが、経験を積んだ熟練のディレクターなら、異質のグループの方が、さまざまな立場からの意見が聞けて参加者にとって良いと思います。異質のグループは難しいですが、年齢や職業、社会的立場が異なる人たちも一緒にグループを作ることができるのが増野式の特徴でもあります。どんなグループでも、段階を経て丁寧にグループ作りをしていけば、グループ分けの必要はありません。経験、未経験も関係ありません。セッションの目的自体が同じであれば、特にグループ分けをする必要はないでしょう（このセッションの目的とは、「治療目的」「学習目的」といったものを指します）。

しかし、時間の制約があるので、体力的、気力的に同じ時間を共有できる人同士でグループを作る必要はあります。また、従来のサイコドラマのように治療を目的とした場合は、疾患の種類やクライエントの病状などによって分ける必要もあります。

同質のグループの注意点は、職場や学校が一緒など、日常的に生活圏が重なっているグループの場合、深い問題を自己開示してしまうとその後の仕事や学校生活での人間関係に影響が出てしまうことです。また、守秘義務を課しても、セッションで出された話題と日常の生活の中で出された話題との区別がつきにくく、守秘義務が守られにくいです。例えば職場のグループで職場内の揉め事の悩みを話したら、職場の雰囲気が悪くなってしまったなどということになりかねません。そういうグループでは、深い問題に入らないグループ作りの段階の内容に留めた方が良いでしょう。

一方、異質のグループの注意点は、年齢や興味関心に大きな開きがある場合、参加者の話の内容が一部の参加者にはまったく理解できないことがあります。例えば流行のアイドルや音楽、ゲームの話には年配の参加者はついていけなかったり、専門用語で話をされると一般の参加者は何の話をされているのか理解できない、などということがあります。そういった場合、ディレクターは、話についていけない人がいないか目配りし、参加者全員が理解できるように少し詳しい説明を求めたり、解説をはさんだりする必要があります。

Q7．極端に質の異なる参加者が同じグループにいる場合、どのようにドラマの方向性を決めていったらいいでしょうか。ポイントがあれば教えてください。（テーマにしたいことが違ったり、理解度に差があるメンバー）

A7．古典的サイコドラマでは、それが一番難しい問題です。しかし、増野式では個々の問題はあまり取り上げず、問題を解決するのではなく、その人の良い点や共通点を見つけることに重点を置きますので、シンプルなドラマが多く、個々の参加者に差があっても比較的容易にセッションを行うことができます。またグループ全体の成熟度に合わせてドラマを選択しますので、最初はシンプルで楽しいドラマを中心に行い、お互いを理解し、グループの成長を待ちます。徐々にグループが変化していったら、グループの成熟度とディレクターの経験値を考慮してテーマやドラマを決めていくといいでしょう。

Q8．グループの中にグループを牛耳ろうとする人がいる場合や、仲の良い人同士勝手におしゃべりを始めてしまう場合はどうしたらいいですか？

A8．この二つの行為は、気を付けないとグループを不安にさせます。特に注意して、そうなることを防がないといけません。これらの行為が、参加メンバー相互の理解を妨げる恐れがあることを話してストップさせる必要があります。「トーク＆シェア」は、これらのことを防ぐために考えられたものです。誰かが話している時に他の人は発言しない約束になっています。話す機会も平等になっています。ディレクターは、最初にルールの説明をするとともに、他の人が話している最中に発言する人や極端に長く話す人がいた場合、介入して止めます。また、自由に表現することと同じくらい他者の言葉に耳を傾け、受け入れる努力が大切であるということを、グループの共通認識として持っていることが大切なのです。このことはとかく忘れられがちなので、セッションの前に毎回一言伝えるといいでしょう。

Q9.「トーク＆シェア」は、以前は「言いっぱなし聞きっぱなし」と呼んでいたと思います。なぜ変わったのですか？　また、なぜ必ず二周する必要があるのですか？

A9.　増野式は、自分を表現すること、そして他人が表現することをサポートすることが求められるグループワークです。そこで、ドラマに入る準備段階として「言いっぱなし聞きっぱなし」という参加者が話したいことを自由に話し、聞いたことは評価せずそのまま受け入れるという、ある自助グループで始まったワークを取り入れていました。しかし、回を重ねるごとに、それに加え他者への共感も重要だと考えるようになり、一巡目には自分の話したいことを話し、二巡目では他の人の話に共感したことなどを話すという「トーク＆シェア」へと変化していきました。

二巡目が必要なのは、人の話をしっかり聞く必要性を持たせるためです。二巡目で他の人の話に共感したことを話すには、自分のことだけでなく、人の話に関心を寄せなくてはなりません。このようにして共感したものをシェアしていく過程で、共通の世界が生まれます。それによって、このグループがどのようなテーマに共感が多いかを知ることができます。また、自分の問題に固執し、同じ話を繰り返すのを防ぎ、二巡目には他の人とのつながりを探せるようにすることが大切なのです。

（二〇一八年の「増野式サイコドラマ基礎講座」で受講生とともに「トーク＆シェア」と命名した）

Q10. トーク＆シェアで暗い話が複数出て、その場が重苦しくなってしまったらどうしたらいいですか？

A10. 共感が暗い話に集まって、全体に重苦しくなってもかまいません。意識の世界では、その問題に関心があることを一度受け止めましょう。その上で、その問題を切り替えて他の世界に誘導するのが増野式の特徴です。それは、森田療法の観点でもあります。治そうとすることが症状の固定化を生むのですから、そこで他の方向に切り替えるのです。森田療法では、日常の生活を目的本位に実践することになるのですが、増野式では体を動かすことであり、歌を歌うことであり、イマジネーションの世界で遊ぶことなのです。それは、サイコドラマの創始者モレノが重視し、妻のザーカ・モレノが本のタイトルにもした想像の世界（Surplus Reality）なのです。

切り替える際に、問題を無視した形にならないように、受け止めは丁寧に行いましょう。また、切り替える理由を簡単に説明するといいでしょう。

Q11. トーク＆シェアに時間がかかってしまい、体を動かしたり歌を歌う時間がない時は、いきなりドラマに入ってもいいですか？

A11. まずは、トーク＆シェアが時間内に終わるようにしましょう。そのためには、所要時間が何分で、一人何分ずつ話してもらうかあらかじめ決めて、参加者に伝えておきます。また、タイムキーパー役の助手を置くことも大切です。それでも、決められた時間を大幅に超える人がいた場合は、ディレクターが声かけをします。どのように声をかけるかは、前もって、いくつかのパターンを想定して、言葉を決めておくといいと思います。

それでも時間がかかってしまった場合でも、体を動かして、歌を歌うことで、言語の世界からイメージの世界に切り替えることが大切ですから、これは欠かすことができません。どんなに簡単にしてもかまいませんから、その切り替えは必要です。ストレッチをいくつかして、好きな歌を歌うのには、そんなに時間がかかりませんので、焦らずに、ウォーミングアップはしっかり行ってください。

Q12．ドラマを時間内に終えるコツを教えてください。

A12．増野式は構成が決まっています。ドラマごとに、ポイントになるインタビュー、展開、締めくくりなどの構成が大まかに決まっており、所要時間、時間配分もそれぞれ違っています。まずはそれを整理して頭に入れておくことです。それを目安に、ドラマを組み立てていきます。ディレクターが一人で管理するのは難しいので、時間を管理する助手を置くといいでしょう。この助手が、時間を見ていて、時間内に終わるようにディレクターに声をかける必要があります。また、ドラマを切り替えて短くする方法としては、ナレーションを上手く使ってまとめていくといいと思います。ナレーションで上手くつなぐコツは、冒頭のインタビューの時点で、それぞれのドラマのポイントになりそうな言葉をピックアップしておくことです。即興でナレーションを考えるのは慣れないととても難しいと思いますので、慣れるまでは、決め台詞のようなパターンをいくつか用意しておくのも手です。例えば、私は取り留めのない長いシーンになりそうな場合は、「一方こちらでは……」と、シーンをカットして、別のドラマに展開させていきます。

Q13．時間が一時間ほどしかとれない場合、サイコドラマは無理でしょうか？

A13．時間が短くてもサイコドラマを行うことはできます。しかし扱える課題、できるドラマは限られてきます。全員が主役で、場面展開の少ない「自己紹介のサイコドラマ」や「もう一つの地球」などをメインにセッションを組み立てるといいでしょう。また、グループの中に経験の豊富な人がいるのであれば、その人を主役にしたドラマをすることも可能です。ただこの場合、デモンストレーション的な要素が強くなります。

まだグループができていない時は、ウォーミングアップに多くの時間を要します。人数にもよりますが、「トーク&シェア」だけでも一時間程度かかることもあります。ドラマはグループがある程度できてからでも構いませんし、最初の数回は、ウォーミングアップだけ行ってもいいでしょう。

ドラマの時間を確保するために、ウォーミングアップを短縮することもあります。例えば、「トーク&シェア」を一周（トークだけ）にしたり、ストレッチや歌のインタビューを全員にせず、参加者の半分にストレッチのアイディアを出してもらい、残り半分の参加者から歌いたい歌を聞くなど、時間を短縮する工夫をしてみてください。しかし、増野式の原則はグループ作りをしっかりやることですので、先に示したのは、あくまでもやむを得ない場合の対応です。

Q14．演じるのに抵抗のある参加者を、上手にウォーミングアップさせるために気を付けることや効果的な方法はありますか？

A14．ウォーミングアップとは、これから行う何かのための準備です。今の自分と、これから演じる自分をつなぐものです。ですから、まずは日常の本人に近い話、近い動きからスタートしてもらいます。最初は、自分が考えていることをきちんと話すことと、人の話をきちんと聞くことです。そして次に、ストレッチをしたり、好きな歌を歌ったりして、言葉以外の感覚にスイッチを入れるのです。また、自分が好きなモノについて話すと自然と気分が高揚するので、好きなモノを語ってもらいながら動いてもらうと良いでしょう。本人にとって抵抗の少ない、楽しいことから表現していくのです。これらのことを、よく分からないままにやらされると抵抗を感じるので、それを行う理由を事前に説明しておくことも大切です。

これらを繰り返し行ううちに演じることに慣れてきます。何かを表現することは、人によってはとても大きな壁です。その壁を乗り越えるためには時間がかかります。それも含めて、参加者に伝え、何度も何度も繰り返しましょう。

Q15．一日だけのワークショップ、連続のグループワーク、合宿など、サイコドラマを行う時間が異なる場合は、それぞれどんな人、どんなテーマのサイコドラマが向いているのでしょうか？　それぞれ考慮する点を教えてください。

A15．最初に、サイコドラマは連続のグループワークが基本だということをお伝えしておきます。月に一～二回行い、それを半年から一年続けます。構成するグループの対象者を年齢や職業で分ける必要はありませんが、目的は同じ人同士でグループを作ると良いでしょう。また、連続のグループでは、「グループ作り」「自発性を育む」「問題解決」と、グループの成熟度によって、目的、テーマが変わっていく場合があります。ドラマの選択は、ドラマ一覧表を参考にしてください。

一日だけのワークショップでは、本来のサイコドラマの目的を達成するのは難しく、サイコドラマを知ってもらうためや、純粋にドラマ作りを楽しむなどの目的に限られてきます。

その場合、参加者全員がサイコドラマ未経験者のグループでは、「自己紹介のサイコドラマ」や「もう一つの地球」など、全員主役のドラマがいいでしょう。参加者がサイコドラマ未経験者と経験者が混在しているグループの場合、全員主役のドラマも良いですが、経験者を主役にして、「守護天使のドラマ」などを、未経験者には簡単な役で参加してもらって行っても良いでしょう。全員が経験者の場合は、トーク＆シェアで出てきた話題を基にしつつグループの成熟度とディレクターの経験値を考慮してテーマを決めるといいと思います。

合宿形式は、短い時間の中で相互関係を強化することができ、ウォーミングアップの時間が短縮できるので、その分ドラマに時間を割くことができます。深いドラマを演じることも可能になるので、問題解決のドラマをやることができます。個々の課題をやるには、相互の交流が深いグループが作られる必要がありますので、それには合宿形式が向いています。ウォーミングアップ、全員主役のドラマをいくつか行い、合宿の最終日には「曼荼羅のサイコドラマ」を行うといったことが向いています。全員で主役の未来を考えるドラマなので、全員が一人の人のためにまとまるという体験ができるからです。

Q16．主役の選び方を教えてください。

A16．一般的なサイコドラマでは，主役選びが大きな課題となりますが，増野式では，全員が主役をやることが多いのであまり主役選びは行いません。しかし，全員主役のドラマの場合，順番は決めなくてはいけません。似たテーマを持った人をまとめたり，難しいテーマを出した人をどの順番で演じてもらうかなどを，インタビューの段階で全体のバランスを見て大まかに決めておく必要があります。

問題解決のドラマを行う場合は主役選択が必要です。それについては，Ｑ31を参考にしてください。

Q17．その日のドラマのテーマはどうやって決めたらいいですか？

A17．ドラマのテーマはグループの成熟度とディレクターの経験値によって決めます。グループ作りの初期は「自己紹介のサイコドラマ」，グループが出来上がってきたら「自発性を育むドラマ」，成熟度が増したら「問題解決のドラマ」などになります。さらに「トーク＆シェア」の話題や，選ばれた歌を参考にしてテーマを絞っていきます。特に熱心に語られたもの，多くの共感を得たものを取り上げると良いでしょう。食べ物の話が多ければ「思い出レストラン」，映画の話が多ければ「思い出シアター」といった具合です。

各人が表現したいものを表現できるように，テーマを絞らないでやることも可能です。ただし，まとめるのがかなり難しいので，経験を積んでからにしましょう。

Q18. ミラーとダブルの違いがよく分かりません。

A18. ミラー役、ダブル役は共に、「主役のもう一人の自分」役です。

ミラーは鏡です。主役の代わりに主役が言った通りのセリフを言い、演じた通りに演じます。そのミラーが演じるドラマを、主役はまるで鏡を見るように自分の姿を外から見ます。

それに対してダブルは、主役の隣にいて、主役として主役と一緒にドラマを体験します。主役が補助自我にセリフや動作をつけている時に、ダブルは主役の代わりに主役を演じることがあります。この時ダブルはミラーのように主役と同じセリフを言い、同じ演技をしますが、ダブルとして感じたことを少し加えたり強調したりすることもできます。それを見ることで主役は自分で気づかなかったことに気づくことがあります。また、主役が自分以外の役割を演じる時に、目の前に主役がいることは別の役割になるための助けになります。また、主役が自分ではっきり自覚できていないことを考える時、ダブルに相談して一緒に考えてもらったりすることもあります。

ミラー技法、ダブル技法は、どちらもそれまで気づかなかった自分に気づかせる技法です。自分自身の新しい面を認知する方法なのです。それによって主役は客観的な判断ができるようになるでしょう。二つの大きな違いは、ダブルには人格があり、演者の意思が反映されますが、ミラーには意思がないので、ダブルはミラーの役割を兼ねることができますが、ミラーはダブルの役割をすることはできません。

増野式では、この二つの役割を兼ねて演じてもらうことも多くあります。「ミラー的ダブル」と言います。両方の役割を兼ねていて、その時の必要に応じてどちらかの役割を取ります。ただ、時間がない時や人数が少ない時などには、主役が別の役割を取る時にダブルを置かずに、役割交換だけで済ませてしまうこともあります。

Q19. 重要な役が一人または一部の人に集中してしまいます。どうしたらいいでしょうか?

A19. 誰を何の役に選ぶかは、主役の意思を尊重します。ですから、ある程度集中しても仕方がない場合もあります。しかし、選ぶ基準が、「演技が上手いから」「経験豊富だから」などという理由だとしたら、それは残念なことです。理想の選択方法は、主役がその役を誰にお願いしようかと思い浮かべた時、直感で、心にひっかかった人物を、その場その場に応じて選ぶことです。なぜなら、そこに一人ひとりの自発性が発揮され、新たな発見が得られるからです。ドラマを上手く、または無難にこなすことが念頭にあると、ひらめきは見つかりません。ディレクターの資質のＱ＆Ａでも書きましたが、良いドラマを作ることと、サイコドラマは違います。演技が上手くなくても、経験が豊富でなくても、主役と補助自我の間で化学反応が起こり、キラッとしたひらめきが生まれる場合があるのです。一部の人物に指名が偏り、ドラマがマンネリ化するようならば、このことを補助自我の選択前に主役に伝えるといいでしょう。

Q20. いつも特定の人に補助自我をお願いする人がいます。他の人にもお願いするよう促した方が良いでしょうか?

A20．Ｑ６と同じです。補助自我は主役が選ぶことになっているので、基本は誰を選んでも良いのです。そのドラマにおける重要な役は、その都度、その役を誰に演じて欲しいかを主役に聞くことになっています。その役を誰にお願いしたかが重要な意味を持っています。しかし、ドラマの内容に関係なく、「慣れている人の方がいい」などの理由だけで、同じことが繰り返されるのであれば、補助自我を選択する意義を伝え、他の人を選ぶ道も示してあげるといいでしょう。しかし、ここで気をつけなくてはいけないのが、他者から見てマンネリに見えても、同じ人と、同じ経験を繰り返し繰り返し行う必要がある人もいるということです。決して無理強いをしてはいけません。

Q21．増野式サイコドラマでは役割解除をしないことがほとんどですが、時々役割解除をしているドラマに出くわします。どういう時に役割解除をするのですか？

A21．「エンプティーチェア」「ロールクラスター」「守護天使」「曼荼羅」のような問題解決の構成的サイコドラマでは役割解除を必ずします。問題解決のドラマでは深層心理や、深刻な問題が取り上げられることもあり、演じた役の感情が後に残ってしまう場合があるからです。また、他のドラマでも、ドラマ終了後に強く影響が残りそうな役割が登場した時には、ディレクターが演じた人に役割を解除してほしいかを聞くことがあります。その希望があった時や、本人に希望がなくてもディレクターが必要を感じた時には役割解除をします。

Q22．主役の気持ちを引き出し、主役の言いたいことややりたいことを表現させる（主役の意図したことからズレない）ためには、ディレクターの質問の仕方が重要だと思います。何に気をつけて質問したら良いでしょうか？

A22．主役の気持ちを引き出すには、こちらの知りたいことを訊くのではなく、本人が話したいことを引き出さなくてはいけません。そのためには、ディレクター自身の興味、関心事などの私情や解釈を挟まないことが重要です。「トーク＆シェア」で出たキーワードを基に具体的に質問し、気持ちばかりを語っている人には状況を、状況ばかり語る人には気持ちを訊くようにします。主役の話した内容とディレクターや補助自我の理解が合っているのかを確認することも大切です。内容にズレがあった場合は、主役が訂正できるように、「もし、ドラマの展開が違っていたら、途中で止めて訂正してください」とあらかじめディレクターが主役に伝えておくといいでしょう。

Q23．補助自我がセリフを覚えられなかったり、上手にセリフを言えなかった時、ディレクターはどのように援助すれば良いでしょうか？

A23．セリフの内容が合っていれば、多少文言が違っていても、上手に言えなくてもかまいません。補助自我役の人が覚えられない時には、ディレクターが要点を押さえていて、プロンプターの役割をします。長いシーンや複雑なシーンは、主役に内容が合っているか尋ねながら行っても構いません。困るのは、補助自我が思い込みや想像で勝手に演じることです。ですから、そのような状態が見られた時は、これで良いのかを主役に尋ねながら行うことが大切です。

Q24．ただ主役の言いたいことだけを聞いていても、新たな気づきがないように思います。ディレクターのインタビューの仕方、介入の仕方のポイントを教えてください。

A24．ディレクターは、主役に寄り添い、主役と共にドラマのシーンに入りこんで、インタビューすることが重要です。

主役は過去の物語として話す傾向があるので、ディレクターは「今がいつなのか」「今誰とどこにいるか」「今何をしているか」のように、今まさにドラマが進行しているように現在進行形で質問することが大切です。

そして、できるだけ具体的に表現してもらい、抽象的な言葉は具体的に訊き直します。「今『辛い』と言われましたが、何がどのように辛いのでしょうか？　実際に起きていることを教えてください」というように問いかけます。また気持ちだけを語る人には、具体的に何が起きているのか状況を訊きます。逆に、状況だけを述べる傾向の人には、その人の気持ちがどのように動いているのかを訊きます。つまり、その人本人が気づいていないことに気づかせるように語らなかった部分を訊くことが大切なのです。「辛いことはたくさんあるのに、どうしてこのことにこだわるのでしょうね？」と一歩踏み込んだり、膠着状態に陥ったら、庭の木や食卓等その場の補助自我と役割交換をした上で質問をすると、新たな視点を得て新たな気づきがあったりします。

Q25. 今勤めている現場（病院や福祉施設）でサイコドラマを導入したいと思った時に、どこから始めたら良いでしょうか。

A25. 月に一度か二度のプログラムで「トーク&シェア」をやるといいと思います。参加者同士で批判や評価をしないで、言いたいことを言える訓練をして、それに慣れてきたら、次はトーク&シェアに加えて、ストレッチなど体を動かし、皆で歌を歌うようにしていくとドラマをやる準備ができます。準備ができたら、それぞれの好きなこと、楽しいことを紹介するドラマから始めて、希望を実現するドラマへと進めたらいいと思います。

Q26. どのような人、どのような症状に、どのようなドラマが適していますか？　また、逆に、人によって向いていないドラマ、やらない方がいいドラマはありますか？

A26. サイコドラマは本人が望まないのに無理に行ったり、まだ心の準備が整っていないのに先を急ごうとしてはいけませんが、本人の希望があれば誰にでも活用できます。ドラマ選択は症状ではなく、その人の抱える今の課題にあったドラマを選べば良いのです。そして大事なのはドラマ選択だけでなく、、そのタイミングや費やす時間です。

日頃、大人数で話をする機会が少ない高齢者のグループでは、「トーク&シェア」の前に、ストレッチや歌を歌うことを先にした方がいいかもしれませんし、不安の多いグループでは安心できるグループ作りのためのサイコドラマにしっかりと時間を割き、深層心理に入らない、楽しく、短い時間でできるドラマを中心にセッションを組み立てるのがいいでしょう。いつも表面的には明るくグループを陰で支えてきた人が、しっかりと自分と向き合う時間が来た時には問題解決のドラマがいいかもしれません。このように、その時その時（タイミング）の課題に合ったドラマ（方法）にどのくらい時間をかけるか（量）の三つが重要です。増野式では、幅広い年齢層、立場、抱えている問題、性格……などさまざまな人がサイコドラマをできるように、さまざまなドラマを作ってきたので、その都度合ったドラマが見つけられるでしょう。

この本では、グループの成熟度と、ディレクターの経験値に合わせてテーマを決め、ドラマ技法を選択できるように「増野式サイコドラマの三つの段階と目的・グループの成熟度とディレクターの経験値」（33ページ参照）を提案しています。これと巻末の付録「増野式サイコドラマ・ドラマ技法一覧」（192ページ）を参考にあなたの作ろうとしているグループを構成している参加者に合わせたドラマを考えてみてください。また、これにグループの形式がオープンなのかクローズドなのかも考慮するといいでしょう。

やらない方が良いドラマは、自殺や殺人です。それが予行練習になってしまうことがあるからです。トラウマを扱うドラマも行わない方が良いでしょう。これらを扱うにはディレクターに相当の経験と力量が必要で、増野式では扱わないようにしています。

Q27．ディレクターとしてドラマを進める時の、構成と演出のコツはありますか？

A27．構成するのに最も大事なことはインタビューです。参加者全員に今何を思い、何を、誰と、どのように演じたいかなどの基本をしっかり聞きます。そして、登場人物や物からのメッセージを感じているかなどを聞いておくといいでしょう。このように参加者の話をしっかりと聞いて、その中のどれを最初にするか、どれをメインにするか、そして、どれを最後に持ってくるかを大まかに決めます。

私は台詞よりも動きのあるものを最初に持ってきて、テーマのある台詞で綴られるドラマなどを後半に、最後はミュージカルのエンディングのように歌やダンスなどの明るく楽しいシーンで終わるのが好きです。このように自分の型があると構成しやすくなるでしょう。また、参加者の意見を中心に構成するのも良いでしょう。誰のドラマをウォーミングアップにして、誰のドラマをメインに持ってきて、誰のドラマで終了するかをみんなで決めるのです。参加者の自発性の力を借りて構成していくのです。

演出のコツは参加者を活かすことです。サイコドラマは人に見せるものではありません。良いドラマというのは、誰かに何かを伝える作品を作ることではなく、参加者が自分の表現したいことを表現し、そのドラマの瞬間を生きることです。参加者が何を望み、何を感じているのかに神経を傾け、その人をサポートすることに徹するのです。それが形になるには回を重ねながら、少しずつ自分で見つけていくしかないでしょう。

参考になるか分かりませんが、私は子どもの時から映画や演劇が大好きで、若い頃からたくさん観てきました。楽しい経験の積み重ねが、自発性を生み出すように、いい作品をたくさん見ることはディレクターとしての私の自発性を刺激してくれているように思います。

Q28．全員主役のドラマなどで、ロールリバースを行う人と、行わない人がいるようですが、それはどのような理由で区別をしているのでしょうか？

A28．ロールリバースの目的は「気づき」です。

全員主役のサイコドラマや自己紹介のドラマなどのグループ作りの段階でのドラマでは、「気づき」よりも、自己表現をすることが大事なので、必ずしもロールリバースは必要ではありません。しかし、今後、「ロールクラスター」「守護天使」「曼荼羅」などの複雑なロールリバースのあるドラマを行う時のために、ロールリバースを体験しておく必要があります。全員主役のドラマで一部の人だけロールリバースをするのは、ロールリバースを見本として見せたい時や未経験者にロールリバースを体験してもらいたい時に行うことがあるのです。加えて、課題を持ち合わせていてロールリバースによる気づきが必要だと思われた人に行うと、グループ全体で経験を積むことができるので、そういった効果を考えて行うこともあるのです。

Q29．時間内に終わらないと思われた時にはどう展開しますか。

A29．時間内に終わらない時は、無理に結論を出す必要はありませんので、その続きは次回に任せて、今回のまとめをするといいです。「この問題はまだまだ続きそうですね。しかし、これらについては整理できました。今日整理できなかった問題は次の機会を待ちましょう」といった具合に、あるところで終わっても、結論が出ていなくても、そのようなことを体験したことを評価して次の回につなげればいいのです。今この場だけで判断するのではなく、時間の経過と共に、誰もがいつか、次の段階に進んでいけるということを信じて終わらせることが大事です。

Q30．深刻な問題が出てきた時にはどのように対処しますか。例えば、「死にたい」とか「親を殺したい」といった気持ちが表現された時にどう対処しますか

A30．「トーク＆シェア」の中で、深刻な問題が出されたり、それにシェアが続くことがあります。しかしそういう時は、その問題を解決しようとしないことです。そのような時こそ、森田療法に倣い、問題はそのままにして、他の世界に切り替えることが大切なのです。「多くのことが語られました。共感もありました。さて、言葉で語るのはここまでにして、これからは体を使って自分の中にあるものを表現していきましょう」と言って、ストレッチをやり、歌を歌います。その上で、その日のドラマでは、「もう一つの地球」などの自分の隠れたロールを活性化するドラマを行うといいかもしれません。ドラマを作る過程で、「自殺したい」「誰かを傷つけたい」という希望が出てきた場合は、そのシーンをやらせてはいけません。ドラマにすることで、自殺や暴力のウォーミングアップになってしまうからです。深刻になった時こそ、切り替えが必要です。心の中にあるのは深刻な、ネガティブな感情だけではありません。たとえ、「死にたい」「親を殺したい」という気持ちがあっても、それが一〇〇％ではありません。ディレクターの力量にもよりますが、ロールクラスターを行って、気持ちを整理すると良いかもしれません。

Q31．「守護天使」や「曼荼羅」など、問題解決のドラマでは、主役はどのように選んだらいいでしょうか？

A31．増野式の問題解決のサイコドラマは、ドラマ技法に合わせて主役を決めるのではなく、問題を抱えている人が自ら問題解決を望んで名乗り出ていた時に行います。したがって従来のサイコドラマのような主役選択は行いません。主役を希望している人が複数いても、時間内に終わるようなら、それぞれを主役にドラマを行います。しかし、どうしても主役の人数を絞らなければならない場合は、私は、一人ひとりの話をしっかり聞き、その際に熱心に語った人、緊急性がありそうな人、参加者の共感が多く得られグループ全体のドラマとして有意義だと思われたテーマを出した人を主役に選ぶことが多いです。また、連続して行っているグループでグループが成熟し、問題と向き合う準備ができた参加者が出てきたとディレクターが感じた時は、その参加者に声をかけて促す場合もあります。本人の希望であれ、ディレクターの勧めであれ、どちらにしても参加者全員の同意が必要となります。

主役を希望して主役に選ばれなかった人には、「○○さんには、次の機会に主役をやってもらいましょう」などとフォローすることも必要です。

Q32．セッション中に傷ついてしまった人への対応はどうしたらいいでしょう？

A32．傷つかないように注意をすることは言うまでもありませんが、注意していても傷ついてしまうことはあります。その場合、二つの対応があります。一つは傷ついたことをセッションの中で開示し、グループ内で課題として取り上げて解決することです。この場合は、本人が課題として取り上げることを了承していることが重要です。また，グループの中に対象の相手がいる場合は，課題として取り上げるのは避け，別に時間を設けた方がいいでしょう。

もう一つは，セッション終了後にディレクターや助手が個人的に相談に乗ることです。この対応については，事前に相談しやすい環境を作っておくことや，終了後に連絡先を伝えておくなど，相談に対応できるよう約束事を決めておくと良いでしょう。

Q33．危機によって成長することと，問題解決をしないサイコドラマの主張に矛盾を感じます。

A33．まず，お伝えしておきたいことは，問題解決をしてはいけないわけではなく，「問題解決だけにこだわらなくていい」と私は考えているということです。解決できる問題は，大いに解決してください。

危機を乗り越えて成長するポイントは，「その時その時に合った危機」である必要があります。明らかに今の自分の力で乗り越えられない危機に立ち向かってしまえば，潰れてしまいます。乗り越えるためには適切な高さのハードルでなくてはいけません。ですから，グループ体験をするのがやっとだという人は，問題解決にこだわらず，まずは，自分を表現すること，自発性を育むことを経験してもらい，十分に力がついてから，その時の力に応じた危機に立ち向かえばいいのです。つまり，タイミングが大事だということです。また，人は右肩上がりで一直線に成長するものではありません。うまくいったり，いかなかったりとジグザグを繰り返して，徐々に成長していくのです。これは「漸悟」にもつながる考えです。その時その時に自分に合った危機に挑戦してみてください。そして，力不足と感じた時は，問題解決にこだわらず，今の自分をそのまま受け止めましょう。

Q34．全員主役のドラマで、補助自我がいるドラマと、いないドラマがありますが、それはどうしてですか？

A34．全員主役のドラマでは基本的に補助自我のいるドラマをすることはありません。なぜなら、補助自我を登場させるためには時間をかけてしっかりインタビューをする必要があるからです。主役が話したドラマの中の登場人物や、周りを取り囲む環境の中で、主役にとって、何が、どうして大切なのかを知る必要があります。しかし、全員主役のドラマの主役一人ひとりに割ける間はかなり短いので、無理に補助自我を登場させようとすると主役の気持ちからかけ離れたものになってしまいます。

しかし、いくつかの条件が整った時、補助自我を登場させることがあります。それは、インタビューをしっかり行える時間的余裕があり、グループが継続していてすでに安心できるグループが成立しており、主役の性格や思考などがグループ内で共有できている場合などです。こうした時には、主役の意向に従って他のメンバーに補助自我を演じてもらうことがあります。また、主役一人の力では表現が難しい時や主役が向き合うべきタイミングがきた時などで、他者のサポートが必要だとディレクターが判断した場合も補助自我を登場させることがあります。その他、次の段階へ進むために補助自我や役割交換の練習を行いたい場合など、ディレクターの判断で行うことがあります。

このように全員主役のドラマでは補助自我を登場させる条件を揃えることが難しく、ディレクターの判断がとても重要で、かなりの力量が必要になってきます。したがって、全員主役のドラマでは、補助自我を登場させることは考えず、まずは主役の世界を自由にのびのびと表現できる場を作ることに集中しましょう。

Q35．増野先生のドラマはオムニバスドラマだと思っていたのですが、最近先生が、「グランド・ホテル」と言っているのを聞きました。オムニバスとグランド・ホテルは何が違うのでしょうか？

A35．「言いっぱなし聞きっぱなし」が「トーク＆シェア」と名前が変わっていったように、サイコドラマを実践していく中で、表現や内容が変わっていきました。

本来、サイコドラマは一人を主役としてドラマを行いますが、私は初期の段階から主役を一人に限定せず、一度のセッションの中で、次々に主役を変えて複数のドラマを行っていました。これを「オムニバス形式」と言っていました。一つのセッションで主役が複数いるという形が定番化してくると、今度は一つのドラマの中に複数の主役がいて、それぞれにドラマがあるという形を行うようになっていきました。そして現在では参加者全員が一つのドラマの中で、次々に主役になってドラマを繰り広げる形に変化していきました。「もう一つの地球」などがそれです。

ここで問題になってきたのが「オムニバス」という言葉です。もともとは単純に「いくつものドラマを行うので、オムニバスのようだ」ということから、そう呼んでいたのですが、いつしか内容を吟味しないまま「複数のドラマ」＝「オムニバス」となり、「一つの世界の中に複数の主役と主役の数だけドラマがある」というこのドラマのことも「オムニバス」というようになり、明確な定義がないまま、言葉が独り歩きしてきました。しかし、言葉の意味からすると一つの世界の中に存在する複数のドラマを展開させたものは、「オムニバス」ではなく「グランド・ホテル形式」という群像劇に近い形になります。そこで、「オムニバス」改め「グランド・ホテル形式」と言うようになったわけです。

また以前は、一度のセッションの中で複数のドラマを行う私のドラマを他のサイコドラマと区別して「オムニバスドラマ」と呼んできましたが、近年ではあえて言う機会がなくなったこともあり、オムニバスという言葉を使わなくなりました。

Ⅲ　その他

Q1．増野式サイコドラマはどのような場で、どのような形で用いられていますか？

A1．私は、精神科病院や地域活動支援センターなどで行っていました。私が知っている範囲では、独自にワークショップを開いている人もいますし、学生相談の中で実践している人もいます。一部の地域活動支援センターでは、当事者の人たちが、「自分たちもやりたい」と積極的になっているところもあります。

増野式はまだ始まったばかりです。皆さんがそれぞれの場所で開発していかれることを希望しています。地域の中だけでなく、福祉施設や精神科病院の中で、このような居場所ができてくればいいと思っています。

そのほか、認知症の予防として、あるいは軽度の認知症の方に勧めたいと考えています。発達障害の人にもいいのではないでしょうか。いろいろと皆さんで試みて報告してください。そのような研究会を組織してみるのもいいかもしれません。

Ｑ２．教育現場で学生などを対象にサイコドラマを行う時の留意点は？

Ａ２．一般的にサイコドラマのグループでは，さまざまな人が集まるので，顔を合わせるのは月に一・二回程度で，サイコドラマの時以外に顔を合わせることはありません。しかし，学生の場合は，サイコドラマの授業以外でも学生生活を共にしています。下手に自己開示を行うと、その後の学生生活に支障が出る可能性もあります。ですから，深層心理を扱うような「問題解決のドラマ」は避け，「自己紹介のドラマ」や「自発性を育むドラマ」が良いでしょう。

「ディレクター（を目指している人）編のＱ６．グループを作る際，考慮するべきことは何ですか？」にも書きましたが，普段の学生生活と同じ顔ぶれだと，セッション中に出された話だったか，別の場で出た話だったかが混同しやすく，守秘義務が守られにくいことに注意する必要があります。したがって，個人の課題ではなく，こちらの決めたテーマで行うか，無記名アンケートで学校とは関係のない問題を募集して課題を決めるなどの配慮が必要です。

Ｑ３．先生のお好きな言葉は？

Ａ３．私が森田療法の指導を受けた高良武久教授の好きな言葉があります。「事実唯真」「不安心即安心」です。

「事実唯真」とは「気分本位」に対する言葉であり，気分に左右されないで，事実を正しく見て行こうという意味で，まさに精神療法の根本でもあると思います。

また、不安のただ中にこそ安心があるという「不安心即安心」は、「危機は成長のチャンス」のように、それがない方が良いと思われている「不安」や「危機」ですが、そういう時にこそ人間が持っている大切な時なのだという発想の逆転があって、それが好きです。

もう一つ、金子みすゞの「みんなちがって、みんないい」です。それが増野式サイコドラマだともいえます。

Q4. 先生のお好きな映画や演劇のシーンや台詞はありますか？

A4. まずは、シェイクスピアの『お気に召すまま』から、「全世界は一つの舞台」です。それを感じさせるのがサイコドラマです。

それからフランスの劇作家ジロドゥの芝居には、好きな言葉がたくさんあります。その中でも『パリ即興劇』の中の次の二つの言葉が好きです。それは、演劇の良さを語ったものですが、サイコドラマにも通じるように思います。

「国民の力は想像力である。エッフェル塔に光を与えるのはいいだろう。しかし、脳に光を当てる方がずっといいとは思わないか」

「朝、起きた時に気持ちが軽くて、天使が微笑んでくれているなら、それは昨晩見た芝居が良かったからです」

この、後者の、最後の部分が「それは昨日参加したサイコドラマが良かったからです」となるといいですね。

そのほか、これもジロドゥの作品ですが、『間奏曲』の中の検査官の「人間の偉大さとは、二つの極みの間にあって、ほんの束の間だけ満ち溢れているところにあるのです。人間の奇跡とは、無限と虚無の間にあって、どっしりと落ち着き、華やかな色彩に輝くことにあるのです」というセリフも好きです。

Ｑ５．現在の職場で人間関係がぎくしゃくしているので，サイコドラマを導入したいのですが，何に注意したらいいでしょうか。

Ａ５．職場でサイコドラマを行う場合は、日常の大半を共にする人ですので、学生を対象にした時と同様自己開示や秘密保持の問題に注意する必要があります。外部に情報が漏れると困る可能性のある個人情報は扱わない方がいいでしょう。

まずはサイコドラマではなく、「トーク＆シェア」を行うと良いでしょう。あくまでも、人間関係を良くするために行うので、楽しいことを話せる雰囲気作りが大切です。問題点を話し合うのではなく、それぞれが楽しみにしていること、好きな食べ物、好きな映画などを話すことから始めましょう。それから、「どっちが好き？」などで、少し動きを入れてみる、「自己紹介のサイコドラマ」で、「今行ってみたいところ」「好きなこと」などを表現してもらうドラマも良いでしょう。

最初は楽しいことだけを話していても、グループに信頼感が持てれば、だんだん困っていることも話せるようになるでしょう。その時に、「批判や評価をしない」「他の人の話に介入しない」ことを大切にしてください。

Q6．モレノ、森田、増野の共通点はなんですか？

A6．「精神分析」のように過去を問題としないところでしょうか。それは、現在を重視することにもなります。ザーカ・モレノが教えてくれた「古典的サイコドラマ」のように、過去の原点となった状況を修正することに重きを置くのではなく、否定的な考え方によって支配されている現在の状況を切り替えることを課題にします。自発性を豊かにして、行動の側面から取り組むのです。悪いところを修正するのではなく、その人が本来持っている良い側面に気づかせ、その人が好きなもの、楽しいことに焦点を当てるのです。それがこの三人の共通点だと思います。

付録

《付録1》用語解説

サイコドラマ

精神科医であるモレノによって開発された即興劇の形式を用いた集団精神（心理）療法。個々人の心の問題をドラマ化し演じるなかで、人が抱える心理的な問題を整理し明確にして、自発性（Spontaneity）を用いて解決するように作られた。ダブル、ミラー、ロールリバーサルなどの技法が用いられる。

本書では、ザーカ・モレノによって、日本に紹介されたサイコドラマを「古典的サイコドラマ」と表記している。特徴は「螺旋」の活用に見られるような、問題の起源を過去に求め、解決の糸口とするところである。

集団精神療法

現在は、同系の課題やあるテーマを持って集まった人々がグループを作り、グループのメンバー同士の相互作用によって、心理的な成長・訓練・治療を行っていく精神療法の一つ。主な非言語的集団精神療法として、サイコドラマ、ＳＳＴなどがある。

サイコドラマやソシオドラマの方法を説明するために、モレノが作った言葉。

生の欲望

森田療法の言葉。人間の持っているより良く生きようとする欲望（生の欲望）。その裏には、それが実現できない場合の恐怖（死の恐怖）がある。これらはコインの裏表で、この調和が崩れることから「とらわれ」が生じる。これらの現象を森田正馬は、神経症を理解する基本とした。森田療法では、この「生の欲望」「死の恐怖」を、人間の自然な「心の真実」であると解釈している。

補助自我（Auxiliary Ego）

サイコドラマの中で、ある役割を担って登場し、主役を補助する人たち全般を指す。主役の足りない部分を補ってくれる存在である。家族、友人、先生といった人たちから、人生で出会う人、モノ、自然のすべて、内面の感情や尊敬する人、物語の中の架空の存在など、主役のドラマに登場するすべての役割が補助自我となる。

自発性（Spontaneity）

自発性とは、自ら湧く欲求、好奇心、推進力など、他の誰かからの影響や教えなどに頼らず、物事を自分から行おうとすることである。モレノの述べている最も重要な概念で、彼の定義によれば、「新しい状況に対しては適応的に、慣れ親しんだ状況には全く新しく振舞う能力」である。新しい場面や危機の時に、それを克服する、人が本来持っている力。その対称となるのがマンネリズムである。

役割（Role）

役割には三つある。一つは「身体的役割（Psychosomatic role）」で、寝る人、走る人、食べる人、といった身体次元において機能するもので、刻一刻と変わる。もう一つは「心理的・心理劇的役割（Psychodramatic Role)」で、臆病な人、怒りっぽい人、泣き虫、目立ちたがり屋、といった他者との関わりの中で生じる、ある時点での心理状況を示す。そして三つ目の役割は、「社会的役割(Social Role)」である。父親、長女、学生、教師、俳優、医者、といった、成長や環境の変化などの必要に応じて社会の中で獲得していく役割である。

　生きていく上で、さまざまな役割を使い分けることが重要だが、「心理的役割」や特に「社会的役割」は固定化しやすく、固定化するとマンネリズムに陥り、危機の時に対応が出来なくなるのである。ロールプレイング（Role Playing）は、そのような役割を自由に使い分けることを訓練する技法である。

余剰現実（Surplus Reality）

余剰とは余り、過剰という意味である。マルクス『資本論』の「余剰価値」からきている。サイコドラマでの余剰現実とは今認識できている、または、今生きている概念から成り立つ現実以外のもう一つの現実を指す。私たちはイマジネーションを働かせて創造をする力があり、それを実現させるところが「舞台」ということになる。舞台を設定することで、なんでも再現でき、どのような役割にもなれる。それを可能にするのがサイコドラマということになる。

テレ（Tele）

テレとは「遠隔の」「望遠の」の意を基とし、「テレビジョン」「テレフォン」などからもわかるように電信の意味合いも含む。サイコドラマでは直接的なつながりがない双方が互いに通じ合う何かを感じるものをテレと呼んでいる。主役が直観的に相手役に選んだ人が、主役と同じ課題を持っていたというようなことがある時、

「テレが働いた」などと表現される。テレはサイコドラマの舞台のような自発性が豊かに作用するところで可能になる。真のコミュニケーションと言っても良い。

ロールリバーサル（役割交換法）

主役が、ドラマの中で補助自我と役割交換をすることで「気づき」を得るための技法。

主役が補助自我の役と入れ替わり、補助自我の役を演じることで、その人物との間で起こった事柄を客観的に整理し、体験することが目的である。その人物の背景や心理的バックグラウンドを理解し、主役との関係性を客観的に見直す時に用いられる。役割交換はロールリバース。ディレクターが役割交換を支持する時、「交換して」「ロールリバース」「リバースして」などと言う。

ダブル技法（二重自我法）

主役が選んだ「もう一人の自分」の役割をとる補助自我を〝ダブル〟と呼ぶ。ダブルの役割は、主役が自分の気持ちをうまく表現できない時にサポートをすることである。ダブルは主役の隣に立ち、主役と同じように振る舞い、喋り、主役の言葉を繰り返すうちに、主役がまだ表現できていない気持ちを引き出す手助けをする。加えて、一緒に演じているうちに理解できた気持ちを表現することもあり、それによって主役が自分の気持ちを表現するのを助けることもある。

ミラー技法（鏡映法）

主役が自分自身の行動を演じた後で、主役そっくりに演じる主役役の補助自我をミラー（ミラー役）という。

主役自身が自分の役を演じる補助自我を外部から鏡を見るように見ることで洞察を得る技法である。

ミラーはダブルと違って人格はなく、主役が言った通りのセリフを言い、演じた通りに演じる。

独白（モノローグ）

演劇や映画の演出の手法で登場人物が心の中で考えているだけで、発言には至らない気持ちを、ドラマの中で表現する時に用いる。実際には語られない心の中の言葉を言い、観客に心の中を理解させるために行う。サイコドラマでは現実には語れなかった主役の思いを整理し表現させるために行う。

ロールクラスター（心理的役割群）

主役の中にある、さまざまなロールを取り出して、補助自我に演じてもらうことによって心のあり方を整理し、明確にする技法。

例えば、人の前で自分の考えを言えないと悩んでいる主役には、「自分の考えをきちんと言いたい」というロールと、「そんなことをすると、皆から嫌われて、仲間に入れなくなる」というロールが対立しているとする。主役はそれぞれの役を代わる代わる演じて、補助自我にそれぞれの役を演じてもらい、主役は席に戻って、二人の補助自我が言うセリフを聞く。時には二人ではなく数人のロールが必要になることもある。また時には、ミラー役の人に、自分を演じてもらい、いくつかのロールに取り囲まれている自分を舞台の外から観ることもある。

ロールプレイング

実際の生活場面を想定し、即興劇の中でさまざまな役割を演じさせることで、マンネリ化しやすい社会的、心理的役割を超え、問題の解決を目的とする療法的技法の一つ。

社会関係の診断および改善、社会行動の学習、訓練、外国語の語学学習法、新入社員の教育などに用いられる他、学校など教育現場でも活用されている。

SST

"Social Skills Training"の略で、社会で生きる上で必要な技術を学ぶ学習法であり、認知行動療法の一つに位置づけられる支援方法でもある。コミュニケーションや対人関係に関わる「困難」や「課題」を、個人の性格などの問題として捉えず、コミュニケーションの技術の問題として考え、技術を学ぶことで問題の解決を行う技法である。

現在では、医療機関や各種の社会復帰施設、作業所、矯正施設、学校、職場などさまざまな施設や場面で実践されている。

ソシオドラマ

個人的な問題をテーマとするサイコドラマに対して、ソシオドラマは社会的な問題をテーマとし、社会問題を考え、解明する教育的技法である。したがって、登場する人物は個人名ではなく、社会的な役割である医師、会社員などの職業や、親、高齢者といった立場として登場する。

螺旋（Spiral）

E・E・ゴールドマン（E.E.Goldman）が提唱したサイコドラマのプロセスに関する理論。クライエントが現在抱えている問題の場面から入り近い過去の場面を通過し、深いトラウマ的な葛藤の源である遠い過去へ、螺旋階段を下りていくような道筋をたどり、遠い過去の場面で直面化およびカタルシスを体験する。そこから再び螺旋階段を上がるように現在に戻り、修正体験としての現在の場面を演じる。

この螺旋理論は、モレノが行っていたサイコドラマには登場せず、その後の発展の中で発案された。

《付録2》参考文献

参考文献

台利夫・増野肇監修、長谷川行雄・磯田雄二郎・成沢博子・高良聖著（一九八六）、『心理劇の実際』、金剛出版

増野肇著（一九八九）、『心理劇とその世界』、金剛出版

ルネ・F・マリノー著／増野肇・増野信子訳（一九九五）、『神を演じつづけた男―心理劇の父モレノの生涯とその時代』、白揚社

増野肇著（一九九七）、『森田式カウンセリングの実際―心の危機に対処する生活の知恵』、白揚社

増野肇著（二〇〇一）、『森田療法と心の自然治癒力―森田式カウンセリングの新展開』、白揚社

日本心理劇学会監修（二〇二〇）、『心理劇入門―理論と実践から学ぶ』、慶應義塾大学出版会

増野肇著（一九九〇）、『サイコドラマのすすめ方』、金剛出版

P・F・ケラーマン著／増野肇・増野信子訳（一九九八）、『精神療法としてのサイコドラマ』、金剛出版

高良聖著（二〇一三）、『サイコドラマの技法―基礎・理論・実践』、岩崎学術出版社

ジョナサン・フォックス編著／磯田雄二郎監訳・訳・横山太範訳（二〇〇〇）、『エッセンシャル・モレノ―自発性、サイコドラマ、そして集団精神療法へ』、金剛出版

日本集団精神療法学会監修、北西憲二・小谷英文・池淵恵美・磯田雄二郎・武井麻子・西川昌弘・西村馨編集（二〇〇四）、『集団精神療法の基礎用語』、金剛出版

近藤喬一・鈴木純一編（一九九九）、『集団精神療法ハンドブック』、金剛出版

執筆に当たって参考にした文献

ルネ・F・マリノー著／増野肇・増野信子訳（一九九五）、『神を演じつづけた男―心理劇の父モレノの生涯とその時代』、白揚社

増野肇著（一九九〇）、『サイコドラマのすすめ方』、金剛出版

P・F・ケラーマン著／増野肇・増野信子訳（一九九八）、『精神療法としてのサイコドラマ』、金剛出版

高良聖著（二〇一三）、『サイコドラマの技法―基礎・理論・実践』、岩崎学術出版社

ジョナサン・フォックス編著／磯田雄二郎監訳・訳・横山太範訳（二〇〇〇）、『エッセンシャル・モレノ―自発性、サイコドラマ、そして集団精神療法へ』、金剛出版

日本集団精神療法学会監修、北西憲二・小谷英文・池淵恵美・磯田雄二郎・武井麻子・西川昌弘・西村馨編集（二〇〇四）、『集団精神療法の基礎用語』、金剛出版

近藤喬一・鈴木純一編（一九九九）、『集団精神療法ハンドブック』、金剛出版

乾吉佑・氏原寛・亀口憲治他編（二〇〇五）、『心理療法ハンドブック』、創元社

増野肇編・解説（一九八四）、『現代のエスプリ No.198 サイコドラマ』、至文堂

藤田千尋（二〇一四）、『森田療法 その本質と臨床の知』、有限会社ランドスケープ

《付録3》ウォーミングアップ・ドラマ技法一覧

＊ 難易度や主なドラマの例は、グループを構成するメンバーや目的などによって、選択するドラマ技法が変わる場合もある。

《難易度》

ディレクターを務めるにあたっての経験の目安

☆　誰でも

★　グループワークリーダー経験有り

★☆　★＋サイコドラマ主役経験＋サイコドラマ助手経験

★★　★☆＋ディレクター経験

★★☆　★★＋問題解決のドラマで主役経験＋問題解決のドラマで助手経験＋ディレクター養成を受けている

★★★　★★☆＋精神医療や心理学の専門知識を持っていることが望ましい

ウォーミングアップ一覧

【体を動かすウォーミングアップ】

体を動かしながら、簡単なコミュニケーションを図る。ここでは小道具などは使わず、すべてパントマイムで行い、演じることのウォーミングアップをすると同時に、安心できるグループ作りの基礎となる一体感を体験する。

☆「ストレッチのリレー」　全員が順ぐりに手本になってストレッチのリレーをする。
★「エアスポーツ」　好きなスポーツの動きを、みんなでやってみる。
★「〇〇教室」　好きなことの教室を開き、講師と生徒になってやってみる。
★「不思議な縄」　縄を自由自在に操って二人三脚リレーや大縄跳びをする。
★「人間知恵の輪」　手をつないで知恵の輪を作り、絡めた輪をほぐしていく。
★「不思議な輪」　参加者同士で手をつなぎ、さまざまな形の輪を作る。
　＊　小道具はすべて空想上のものとする。
　＊「〇〇教室」までの三つは、参加者が順番にリードして他のみんなは真似をする。

【動きとインタビューのあるウォーミングアップ】

さまざまな設定の世界で、ディレクターからのサポート（インタビュー）を受けて、イマジネーションを膨らませ、自分の思いを表現していくウォーミングアップ。

★「どっちが好き?」　山と海等グループに分かれてもらい、好きな理由を語ってもらう。

★「○○直線」　思いの強い順に直線に並び、各々の思いを語ってもらう。

★「人間の一生」　人の一生で好きな時代を選んでもらい、短く演じてもらう。

★「人類の歴史」　人間の歴史の好きな時代を選んでもらい、その時代の人を短く演じてもらう。

★「二四時間の時計」　椅子を円形に並べて時計に見立たて、好きな時間に座ってもらい、何をしていてどんな気持ちかを語ってもらう。

★「季節の情景作り」　春夏秋冬等、その時季の情景を作る。

★「天使のウォーミングアップ」　天使になり、雲の上を歩く、星を磨く、季節の情景を作るなどの修行をする。

増野式サイコドラマ・ドラマ技法一覧

《第一段階・グループ作りのドラマ》

【参加者同士が知り合う、安心できるグループ作りのドラマ】

参加者同士が知り合い、安心できるグループ作りの土台を作るドラマ技法。

登場人物が一人、または少人数で、ワンシーンまたは、ドラマの展開がほとんどないドラマが、参加人数分繰り返される全員主役のドラマ技法。

★「自己紹介のサイコドラマ～〇〇な自分の紹介」どこで何をしているところなのか自己紹介してもらう。

＊「活動的な自分」「リラックスしている自分」など

★☆「もう一つの地球」現実以外のもう一つの地球で、別の人生を送ってみる。

【季節のイベントを利用したドラマ】

★「サンタクロース」（簡易版）二人組で交互にサンタになりプレゼントを贈り合う。

★「サイコドラマ神社、初詣」　年の初めに神社に詣でて願いごとをお願いする。

《第二段階・自発性を育むサイコドラマ》

【今の自分をつくったもの、支えになっているものに気づくドラマ】

過去の出来事を基に、自分を支えてくれた存在に気づくドラマ。

場面設定があり、主役を取り巻く多くの登場人物が登場するドラマ技法。

★★☆「どこでもドア」　どこでもドアを使って好きな場所に行く。

★★☆「タイムマシーン」　タイムマシーンに乗って過去、未来等の好きなところへ行く。

★★☆「私に人生と言えるものがあるなら」　人生の大事なシーンを再現する。

★★☆「思い出レストラン」思い出に残っている料理を食べ、その時を再現する。

★★☆「思い出横丁」　思い出の日常の横丁を再現する。
★★☆「思い出スクール」　学び舎での思い出を再現する。
★★☆「思い出シアター」　思い出に残る映画・芝居のシーンを再現しメッセージを受け取る。
★★☆「思い出図書館」　思い出に残る本の一部を再現しメッセージを受け取る。
★★☆「思い出美術館」　芸術作品にまつわる思い出を再現しメッセージを受け取る。
★★☆「思い出ミュージックホール」　心に残っている曲にまつわる思い出を再現する。
★★☆「思い出カルチャーセンター」思い出シアター・図書館・美術館・ミュージックホールを併設しているドラマ。
＊「どこでもドア」から「私に人生と言えるものがあるなら」までは全員主役のドラマ。
＊「思い出」シリーズは、全員に思い出を語ってもらった後、主役希望者のドラマを行う。

【ファンタジーで自分の望みを実現するドラマ】

望みに焦点を当て、現実と理想（望み）をつなぐドラマ。

★★「魔法のランプ」　魔法のランプを使って、望みを叶える。
★★「魔法のレストラン（マジックレストラン）」欲しい能力が身に付く魔法の料理を提供するレストランで、お客になって料理を食べる、またはシェフになるドラマ。
★★「魔法のバイキング（マジックバイキング）」　能力が身に付く魔法の料理をバイキング形式で食べる。

【季節のイベントを利用して自分を見つめ直すドラマ】

★☆　「サイコドラマ神社」「初詣」皆で初詣に出かけ、その年の抱負を語る。

★☆　「卒業式・終了式のサイコドラマ」就学期間を振り返り、励ましや希望の言葉を込めた証書を授与するドラマ。

★★　「サンタクロース」一年を振り返り、今の自分にふさわしいプレゼントを貰うドラマ。

★★☆　「サンタクロース」現実には渡すことのできない相手にプレゼントを贈るドラマと、自分にふさわしいプレゼントを貰うドラマ。

＊「サンタクロース」は、参加者、時間の制約などにより、同じ名前で三つのタイプのドラマがある。

【問題を抱えている人・迷っている人が、問題を解決したい時のドラマ】

問題の解決を目的としたドラマ。

主役を一人とし、決められた構成に沿って、ドラマ展開していく、参加者全員で主役をサポートするドラマ技法。

★★★「ロールクラスター」二つ以上の相反する心の声に耳を傾け、気持ちを整理する。

★★★「エンプティチェア」思いを伝えたいが伝えられない相手と対話するドラマ。

★★★「守護天使」現在行き詰っている人が、自分を見守っているモノたちや、自分を見守ってきた守護天使から励まされ自信を回復する。

★★★「曼荼羅」

自分を取り巻くモノや人、現在や過去の自分の状況などから言葉をもらい、未来を模索するドラマ。

サイコドラマ人生

増野肇

「プロローグ」

この本は最初は私の単著のつもりであった。しかし、多くの人の意見を聞き、ディスカッションを重ねていく中で、本文は共著とすることにした。それはなぜかというと、私には、教え子たちが「増野マジック」と呼んでいる、サイコドラマにおける一種の閃きのようなものはあるが、実用書として一冊の本にまとめるには、それだけの実力がないのを実感したからである。

私の書いた原稿に娘のコメントが加わり、足りないところを指摘されるたびに、新しい観点の必要性を自覚した。その整理には、私のサイコドラマの付き添いを担当するようになっていた長女由美子の意見がとても役立った。このような積み重ねの中で、本書は完成した。考えてみれば、サイコドラマを始めた当初から、私は一人でサイコドラマを実践してきたわけではなかった。多くの提案と展開を行い、私を支援してくれた亡き妻の信子の存在があってのサイコドラマだったのである。今回の執筆でそのことが重要だと改めて感じた。加えて自分にはかなりいい加減なところがあったが（それが長所でもあると言ってくれる人もいるが）、それに精神科医というタイトルが加わり、多くの弟子に支えられて何となくここまでやってこられたように思う。そのような現状の中で、改めて、日本の「心理劇」の創始者松村康平氏が、「参加する人がすべて共同研究者だ」と、事あるごとに言っていたことも思い出した。増野式サイコドラマは、数多くの人に支えられ、刺激を受けてここまで来た。今回それをまとめるにあたり、そのような人たちと一緒にこれまでを振り返り、まとめられるという環境が整ったことに、大きな幸せを感じたのだった。

それでは、私がどうしてこのサイコドラマの世界に迷い込み、そして、ここまで展開することができたかを語っていきたいと思う。

「演劇好きのましの少年」

私は、人見知りをする子どもであって、人の前できちんと挨拶ができなかった。母は、それを取り上げて、「人前で挨拶もできない子どもでして」と言って私を紹介した。自分でも、人前では話ができないものと思っていた。が、それでいて、一方では目立ちたがりのところもあった。母親からよく聞かされたエピソードにこんなものがある。ある日、母親と銀座に行った時に、私が迷子になり、探していたところ、人だかりを見つけた。覗いたところ、私が何らかのメロディーにのって無心に踊っていたための人だかりだったとわかり、非常に恥ずかしい思いをしたというのだ。自分でも、幼小児期に、親類の人たちが集まると、皆に踊りを披露していたことを覚えている。十八番は「天から降ってきた巻煙草」という歌だった。小学校六年では島根県の叔母の家に学童疎開をしたが、小学校の自己紹介で柳家権太楼の物真似で落語を披露したこともある。音楽や舞台が用意されると身に付いた引っ込み思案を抑えて、自己表現をしたくなるのはまさにモレノが言う自発性の力だったのであろう。私の子ども時代のそれらが、現在の増野式サイコドラマの原点のように思える。

その後、慈恵医大の学生になった時にも、熱中していた東宝ミュージカルの三木のり平を真似した三枚目を演じ、「慈恵のエノケン」と言われたこともある。医大に入学した年に、たまたま、慈恵医大で医大の演劇祭が行われたのをきっかけに、シナリオを初めて書いた。その時は、オスカー・ワイルドの「カンタヴィルの幽霊」をパロディにした。原作は、イギリスの古いお城に出てくる幽霊が、現実的で合理的なアメリカ人の一家に悩まされる話だ。それを私は、アメリカ人の一家を医学生たちに置き換えた。幽霊の声は幻聴だと言って相手にされず、驚かそうと出した骨は骨の名称の学習に使われてしまい、幽霊が困り果ててしまう喜劇にした。それが当たったのが病みつきになり、毎年慈恵ミュージカルとしてシナリオを書くようになった。

その後、私と同年代の浅利慶太氏が主宰していた「劇団四季」の公演を初めて観たことを機に、「永遠の処女」「間奏曲」など、ジロドゥの演劇に熱中するようになっていった。

「心理劇との出会い」

まだ学生だった頃、多摩川保養院と呼ばれる精神科病院で、後に浜松医大の教授となる大原健士郎医師と出会った。彼は、私が学生演劇をやっていると知ると、精神科には「心理劇」という技法があるので、それを専門にすることを奨めた。この時、初めて「心理劇」（サイコドラマは当時「心理劇」と訳され紹介されていた）というものを知った。が、しかし、実際に心理劇と出会うのは、もう少し先の話になる。

私が医学を学んでいた慈恵医大は、初代教授森田正馬が開発した森田療法が積極的に行われていた。精神分裂病（当時はそう呼ばれ、不治の病として恐れられていた。現在の統合失調症）の治療に取り組むことを考えていた私は、森田療法より、当時多摩川保養院にいた福井東一医師が試みていた現在のグループホームのような診療所に関心を持った。そして、福井先生が開業していた葉山診療所の手伝いをしながら、やがて、M・ジョーンズが提唱する治療共同体を目指す初声荘病院（一九六三年創立、現在の福井記念病院）の建設に力を貸すようになる。初声荘病院では、全開放の新しい病院作りを目指して取り組んだ。

お茶の水女子大学教授の松村康平氏が『心理劇　対人関係の変革』（一九六一年）という本を出版し、日本心理劇協会を設立して学生たちに心理劇を教えていた。私はというと、外林大作氏が作成したパンフレットや、翻訳ではアンジューの『分析的心理劇』（これが最も理論的にも参考になった）を参考にしながら、初声荘病院に心理劇のための舞台を設置し、独自の方法で心理劇を試みていた。日中は慢性の統合失調症患者が多い大部屋で、アンジューの子どもの心理劇を参考にオムニバスサイコドラマを発展させ、夜は夜で神経症のクライエントの中から問題を抱えている人を選んで、即興劇方式でその人の抱える問題に取り組んでみた。

しばらくして、治療共同体を目指す福井東一院長は、その活動で全国的に知られるようになり、WHOから視察に来ていたD・クラーク（D.Clark）からも認められて全国から見学者が訪れるようになった。と同時に、心理劇の試みにも目を留める人が出てくるようになり、次第に心理劇は各地に裾野を広げていったのである。

「妻信子、そして子どもたちとの出会い」

この初声荘病院では、もう一つ大きな出来事があった。それは、妻、信子と出会い結婚したことである。日本女子大で児童心理学を学んだ彼女は、心理士として初声荘病院で働いていた。彼女が日本女子大学児童学科の学生であった時にTATと呼ばれる投影法の検査をテーマにしていたが、その論文の関係で「劇団四季」の人たちを知っていた。そのことから、劇団の稽古場を一緒に見学に行ったが、そのことがきっかけで縁ができた。私の人生における最も重要な補助自我を得たのである。彼女は病弱だったことから、結婚しても子どもはできないと覚悟していた。ところが、彼女は結婚すると見違えるように元気になり、三人の娘（由美子、亜希子、真理子）に恵まれた。その時期と、精神医療における大きな混乱とが重なったことで、彼女には子育てと治療者としての二重生活で困難を強いることになってしまった。結果その後、私たちは子育ての環境を求めて栃木県精神衛生センターへの赴任を選択したのである。新しい土地では長男の智も生まれた。

一九七五年に私は栃木県精神衛生センターの所長として呼ばれ、栃木県で活動するようになった。ちょうどその頃、慈恵医大の新福尚武教授がカプランの『予防精神医学』（Principles of Preventive Psychiatry）を監訳することになり、私はその翻訳のまとめ役を仰せつかった。この翻訳作業を通して、危機の時の適切なコンサルテーションができるようなシステムを作ることが、地域精神衛生の基本となると考えるようになり、セルフヘルプグループ作りに力を入れた。不登校児童を抱える先生たちのグループを組織したり、自閉症児の親の会、精神障がい者家族会の中にも、このような危機援助のシステムを導入していった。

「古典的サイコドラマの幕開け」

その一環として、心理劇の試みも始めていた。その時、やはり筑波大で心理学教授として心理劇に取り組んでいた台利夫氏の訪問を受けて、「臨床心理劇研究会」を発足することになり、台氏の下に集まっていた人たちと私の下で心理劇を学んだ人たちを中心に活動した。その中でも熱心だったのが獨協医大の心理士高良聖氏であった。そこで、彼が籍を置いていた上智大学で心理劇の研究会を開催することになったのである。ここで、多くの心理関係の人たちを育てることになった。同じ頃、ハワイで開催された世界精神医学会に参加した。大会長を務めたモレノの愛弟子グレーテ・ロイツ氏をわが国に招いたことがきっかけになり、集団精神療法学会（後の日本集団精神療法学会）が発足した。一九八一年に、モレノの妻であり、モレノ没後の国際集団精神療法学会の中心的存在だったザーカ・モレノを招いて心理劇講習会を開いた。その時彼女は、椅子の上に立って、臍の緒を引き出し、それを切断して自分で結ぶことで親からの自立を達成するというドラマを行った。三日間の講習会を通して、この人間の心理を深く掘り下げる技法に多くの人が、「これこそ人間の心理を深く掘り下げる本当のサイコドラマである」と感動するとともに衝撃を受け、「モレノショック」と呼ぶようになった。この時にザーカ・モレノが紹介した「古典的サイコドラマ」に感動した人たち（私もこの中の一人だった）が、それを広めるために上智大学の心理学教室に集まるようになり、磯田雄二郎氏を中心に「東京サイコドラマ協会」を組織することになる。

（ザーカ・モレノの来日から、「心理劇」は、サイコドラマと呼ばれるようになった）

「妻・信子との二人三脚」

私は栃木県精神衛生センターを根拠地にしてサイコドラマの普及を図った。毎週のように、サイコドラマを実践し、ザーカ・モレノを埼玉の婦人会館に招きワークショップを開催し、宇都宮にも招待した。また、外口玉子氏が高田馬場に建てた池田会館を会場に、数多くのワークショップを開催した。この時期に、私は古典的サイコドラマの基礎を固めていった。この池田会館で、多くの人を育て、またさまざまな技法を開発していった。高良聖氏、磯田雄二郎氏などとの上智大学での「東京サイコドラマ」の研究会、そして池田会館では、患者家族を含むいろいろな立場の人が参加していた。さらに就労センター「街」では「増野ゼミ」と呼ばれる研究会も開始した。これらの実現には妻の信子の助言とサポートが大きな力となった。

その後、医師不足のために今市保健所々長を兼務することになり、毎日ではなかったが県精神衛生センターの仕事の他に往復一時間半かけて今市市まで車で通勤し保健所の仕事に当たっていた。そんな時、「宇都宮病院事件」が世間の話題を呼ぶことになる。事態の収拾に責任を持つ県精神衛生センター所長であった私の心身の健康等を心配されたのか、宇都宮大学の教育学部の河村高信教授から後任にどうかという話が来た。一九八五年、私は初めて大学で教鞭を執ることになったのだった。

その五年後、期せずして、妻信子の出身大学である日本女子大に社会福祉学科の大学院の教授として赴任することになった。大学ではソシオドラマとしての精神医学を展開するとともに、学生、大学院生を対象にサイコドラマを講義した。学生に毎週教えるにあたって問題となったのは、相互の日常に関連がある学生の中でサイコドラマを行わなければならない、ということだった。個人の深い問題を掘り下げるテーマを扱うことははばかられた。そのような中で考案したのが、映画のシーンを材料にした「思い出シアター」であるとか、もう一度食べたい思い出の料理が出てくる「思い出レストラン」、各自が今抱えている課題を魔法で解決する「マジックレストラン」などであった。学園祭では一般の人を対象に、それらを実践した。サイコドラマは主役の抱えている課題の何が出てくるかわからない、それに対応するのはディレクターとしての技術が必要になる。そこへ行くと「思い出シリーズ」にしろ、「マジックレストラン」にしろ、展開が決まっているし、個人の深層心理に切り込むのではなく楽しい題材を扱うので、これならば、ソーシャルワーカーの学生でも、あまり訓練をせずに取り組めるのではないかと考えた。心理学科の平木典子教授などの協力もありこれらの展開（構成）が決まっている「構成的サイコドラマ」が誕生した。

この後、海外での発表が続くが、これも信子の強い後押しによるものだった。そして、ザグレブでのオムニバスサイコドラマの発表、モントリオールでの「曼荼羅」のサイコドラマの発表など、「構成的サイコドラマ」の発表が続いた。その後も信子とは、モニカ・ツレッティが企画した、モレノの活動していたビーコンでのザーカ・モレノのワークショップなどにも参加し、二人三脚で活動を行っていった。

「信子との別れと再出発」

日本女子大学在籍中の一九九四年、ルネ・F・マリノーの書いたモレノの伝記を翻訳することになった。これも、信子の提案であった。さらに彼女は、それを書くからにはウィーンに行くべきだと提案し、渋る私を夏の数日間の休みを利用してモレノの生誕地を訪ねる旅へと連れ出した。ここでは、数多くの不思議な体験をして、有意義な時間を過ごした。三日の日程の一日目はフェスラウでモレノの過ごした場所を訪れ、二日目はモレノがウィーンで過ごしたオーガルテン公園、そして最終日はモレノが勤めていた精神病院を訪ねた。たまたま乗ったタクシーの運転手が、病院の事務長と懇意にしていて、いろいろ紹介をしてもらったのも忘れられない不思議な思い出である。モレノがどこかにいて、我々を助けていたように思えた。

しかし、この旅の後に、信子の乳がんが発見され、長い闘病生活に入ることになる。信子は手術を拒み、伊豆のヒポクラティックサナトリウムの人参ジュース断食などさまざまな代替療法を試みた。その甲斐あって安定した状態が七年ほど続いた。そこで、以前断った日本精神衛生学会の大会長を引き受けることにした。ゲストに落語家を呼び、精神保健の歴史をソシオドラマ形式で上演することになり、信子も以前のように熱心に活動に取り組んだ。しかし、それらのことが負担になったのか、プライベートでの心労も重なり、乳がんが再燃し二〇〇四年に亡くなってしまった。信子の死は大きなショックであり、自分の人生は終わる時が来たのだ、と考えるようになった。その後、私がうつ状態から立ち直ることができたのは、ザーカ・モレノをはじめ、多くのサイコドラマの仲間たちの存在のお陰であった。

「人生の総まとめ」

二〇〇八年、相模病院でサイコドラマをやらないかという誘いがあり引き受けることになった。地域の家族会や地域活動支援センターなどではサイコドラマを行っていたが、精神科病院での実践は初声荘病院以来のことだった。月に二回、入院患者さんと外来患者さんの合同のグループだった。初めは集まって話をし、体を動かしたり歌を歌ったりする程度で、なかなかサイコドラマと呼べるようなものはできずにいた。二、三年かかって、短いながらドラマもできるようになっていった。このグループに参加していたある患者さんの問題行動がなくなっていったのは印象的だった。歌やドラマで自己表現をできたことや、自分の得意なことをみんなに教える「教室」で先生をやったことなどが良かったのだろう。参加していた看護師たちが、サイコドラマを通じて患者さんその人を理解できるようになり、援助の姿勢が変わったことも大きかったと思う。こうして、短い時間の中で全員が主役を演じるという形式が作られていった。川崎市の家族会が行っていたサイコドラマに参加していて当事者の一人に「先生のサイコドラマは枕もとで太鼓をたたくようなものだ（操作的だということ）。森田療法の医者なのだから、もっと自由にあるがままにさせてほしい」と言われたことがあったが、それも参考になった。

日本女子大学を定年退職した後、前田ケイ先生の誘いでルーテル学院大学の大学院で教鞭をとった。そこで開発したのが「トーク&シェア」（当時はまだ「言いっぱなし聞きっぱなし」と言っていた）である。このシステムは、参加者には好評で「癒しの時間」と言われていた。サイコドラマの授業を通じて、それまで交流のなかった社会福祉学部と心理学部の交流が生まれたことも大きな収穫だった。

二〇一一年、私のルーテル学院の退職を迎える時が来た。そして、その締めくくりを、長い間情熱を注いできた私の一生をドラマの形式で紹介し、最終講義を最終ソシオドラマにすることを思いつき、大学院生たちに演じてもらうことにした。ところが、最終講義の前日に東日本大地震が起きたのである。当日は最終講義はできず、そこでやるはずだったソシオドラマは一年延期することにした。その間、横浜、宇都宮、就労センター「街」、鳥取での心理劇学会など、さまざまな場所で行った。そして一年後、ルーテル学院創立百年の歴史を組み入れて、最終ソシオドラマを上演したのであった。

この間、今の日本が迎えている危機に、サイコドラマに何ができるかを考えてきた。むろん、核被害そのものに対しては、サイコドラマは何もできない。しかし、避難所の生活や、今後の方向を考えていくためには、より多くの人が簡単に取り組める安心できるグループを作ることは必要であり、改めて、現代日本の危機に対応できるサイコドラマの必要性を考えた。

そんな時に、私の最後の役割を果たすべき場が与えられたのである。

「増野式サイコドラマの誕生」

二〇一六年、娘が主催する「さぽせるlabo」主催による「増野式サイコドラマ基礎講座」が開講された。講座の目的は、安心できるグループ作りを基本としたサイコドラマを次世代へとつなげることであった。亡き妻に続き、娘の強い後押しによってこの講座は始められた。集団精神療法といった難しい形に囚われず、必要としている人が気軽にチャレンジできるように改良してきた私のサイコドラマを娘が、「増野式サイコドラマ」と名付けた。増野式サイコドラマの誕生である。しかし、実のところ、増野式サイコドラマという命名は、あまりにも従来のサイコドラマから逸脱し、自由気ままに改良された私のサイコドラマをどう扱っていいのか困り果てた娘の苦肉の策だったようである。けれど、私はこの苦肉の策を気にいっている。なぜなら、「それこそが増野肇の人生そのものだ」という娘の言葉に、その通りだと思ったからだ。

今ここへ来て、妻から、私には「男尊女卑」の考えがあると指摘されたことを思い出す。「男尊女卑」というだけではなく、「自分の才能を過大視し、それ以外を認めない」という尊大な気持ちがあって、それを指摘されていたのかもしれない。そのことに気づいた時、私は今まで出会った恩師、仲間、生徒、患者、そして娘たちの援助を受けて、初めて多くのことを学び、多くのことを成し遂げることができたのだと気づいた。多くの出会いの中で「増野式サイコドラマ」が誕生したことを改めて感謝したい。

エピローグ

コロナ禍の中で、さまざまなことが停滞していた。感染拡大予防のために「三密を避ける」ことが必要となり、サイコドラマは緊急事態宣言下に一時できなくなってしまった。再開後も、換気、人数制限、マスク着用などの制約のもとに遠慮気味に開催するという状況だった。そんな中、二〇二〇年度の日本心理劇学会第二十六回大会は作新学院大学大学院心理学研究科の牧裕夫教授大会長の下で栃木県宇都宮市で開催されることになっていた。足も悪く老体の私に栃木まで出かけるのは無理かと諦めていたところ、オンラインでの開催となったのである。オンラインの体験なら「増野式」でも、一度LINEを使って「お家に居ながらサイコドラマ」という企画で体験していたので、何とかなりそうだと思った。しかも司会が宇都宮時代に苦楽を共にしたソーシャルワーカーの秋場博氏だと知り俄然楽しみになってきた。それで私は牧教授に、「こんなことになって何かが生まれそうですね。ワクワクしますね」とメールを送ったのである。モレノはかつてハプスブルク家終焉の混乱にあたり、「王様探し」のドラマを行った。終焉を迎えたハプスブルク家の後を治める新しい「王様」の「募集」をドラマで試みたのだ。それが「王様探し」のサイコドラマなのである。しかし、その「王様探し」は失敗に終わった。後にモレノは失敗の原因はウォーミングアップが足りなかったせいだと振り返っている。わが国におけるコロナ禍は、当時の混乱したウィーンと似たような状況でもあるし、私は学会大会に、「王様探しのやり直し」を提案したのである。

我々はモレノの失敗を教訓に、彼が不十分だと感じていたウォーミングアップを行ってみたらどうか、と私は提案した。牧教授は大会準備のために「黄ブナ」というチャットを立ち上げることを思いついた。昔、宇都宮で天然痘が流行った時に、田川で獲れた黄色い鮒を病人が食べたところ、病が治ったという。その「黄ブナ伝説」にあやかって名付けたのだそうだ。コロナ禍に相応しい話である。「黄ブナ」によるウォーミングアップの甲斐もあって、第二十六回日本心理劇学会大会はインターネットを通じて沖縄から北海道、アメリカからも人が集まり、期待したように本当にワクワクする大会になったのである。

世界が大きく動きだしているように思える。私は今、この世を構成している人たち一人ひとりが輝くような世界が生まれることを祈りたい。そのような新しい世界でのグループ作りに「増野式サイコドラマ」が利用されて広がってほしいと願って本書を書いたのであるから。

あとがき

増野由美子

父、増野肇は思いつきと行動の人で、理論の構築や技法の整理、計画的な後継者の育成といったことには殆ど無関心な人だ。それが、この数年父の仕事を手伝っての私の実感である。

二〇一一年に、父はルーテル学院大学を退官したが、大学を辞めても、あちこちでサイコドラマをしていた。毎年一～数回ディレクターとして呼ばれて行く場は、関東圏に留まらなかった。その他、自分で、毎月や毎年恒例のグループやワークショップ、増野ゼミ、御殿場合宿、お正月のサイコドラマなどを主催し続けてきた。しかし父も高齢となり、一人で遠方に行かせることが家族の心配の種になってきて、八十歳を過ぎた頃から、私たち家族は父の仕事を縮小するようにしてもらった。活動の場が減って意気消沈していた父に、妹は「長年掛けて取り組んできた仕事を整理し、後継者の育成を最後の仕事にしてはどうか」と、サイコドラマ講座を開講することを提案した。

父のサイコドラマを陰に日向に支えてきた母が他界してからは、遠方で開催される学会等には、妹が付き添ってきた。そして、父がもっぱら経験と感覚だけで行ってきたサイコドラマを、「『増野マジック』では他の人が使えない」という故高良聖先生の言葉がずっとひっかかっていたという。「繰り返し同じものができなければ、科学でも、医学でも、学問でもない」という思いで妹は、父のサイコドラマを誰もが活用できるようにすべく、開講を準備した。それまでのつながりを使って相当な数量のアンケートを集め、基礎講座の計画書を作った。父からも聞き取りをしてレジュメを作り、受講生を募り、自分の主催していた健康サロン「さぽせるlabo（Support self help laboratory）」で、二〇一六年に「増野式サイコドラマ連続基礎講座」（全十回）を開催した。講座名を「増野式サイコドラマ」としたのは、「全員が主役」「問題解決をしない」等、本来のサイコドラマの定義から外れた父の独特なそれを「サイコドラマ」と呼んで良いのか？　と悩んだ末の苦肉の策であった。レジュメは、翌年以降の講座でもテキストとして使用できるよう考え抜かれていた。それを元に私が父に聞き取りをして捕捉し、二〇一七年度の開講直前にテキスト『増野式サイコドラマ連続講座』（増野肇著、Support self help laboratory 編）が完成した。その後、このテキストで基礎講座を二年間で五回、ディレクターコースを三年間で五回開講した。受講生たちからはこのテキストは歓迎されたが、同時に、すでに絶版になっていた『サイコドラマの進め方』（増野肇、金剛出版、一九九〇年）に代わるような書籍の出版を望む声も出された。この時の受講生たちからの要望が今回の出版話の発端となったのだった。

おそらくはこれが父の最後の著作になるだろうから、父の書きたいことを書いてもらおうと、私はそれをサポートするというつもりで出版企画をスタートさせた。しかし初稿がほぼ完成した時、今までは後進の育成にあまり興味を示してこなかった父が急に「豊かな人生を送るための手助けとなる増野式サイコドラマを普及したい。この本があれば増野式サイコドラマに取り組めるという物にしたい」と言いだした。この父の強い要望により原稿はほぼ全面書き直しとなった。そこで、若い頃演劇を学び、今は仕事として心身のセルフケアの仕方を教えている妹に再び参加してもらうことになった。父の願いに沿った実用書にするために妹は構成をし直し、構成に沿って父の原稿を切り取って当てはめ、疑問点を父に訊き、議論を重ね、新しい原稿を作っていった。時には、父が言葉では示さずとも、活動を通して、私たちが知っている父のやっていること、目指していることを言葉にした。それを父の主張と齟齬がないか、父に読んでもらって確認、修正するということを、何度も何度も繰り返した。こうして父の書いた「文章」は細切れにされ、編みこまれた。父が原稿を書いていない箇所もある。4章は妹が書き下ろして父に提案し、了解を得たものであるし、3章は父が日頃サイコドラマセッションで行っていることを活字に起こしたものである。こうして本書は、父の単著ではなく共著に変更された。初稿を読んでご意見をいただいた皆さんには大変申し訳ないことをしたと、この場を借りてお詫びを申し上げたい。

二〇一九年に、さぽせるlaboからサイコドラマ部門を引き継いだ私は、父のサイコドラマの講座やワークショップの企画・開催をしていた。しかし例の新型コロナウイルスの蔓延によって、年度末には難しい決断が迫られる事態が続き、リモートでサイコドラマを行う試みを始め、学会発表に向け研究会を立ち上げ、……と、私は忙殺され、たびたび体調を崩した。原稿は私のターンで止まり、出版計画は何度も暗礁に乗り上げた。そのたび妹からは出版の中止を提案された。しかし、この本の出版は父の悲願であったし、私もそれを応援したかった。それは私自身、増野式サイコドラマを一人でも多くの人に体験してほしいと思ったからだった。年月としては三年と短いながらも、サイコドラマのグループや講座等にスタッフとして参加しながら、たくさんの気づきや収穫があったからだ。私は助手として父のサイコドラマに参加し始めた当初、「自己紹介のサイコドラマ」で、「行きたい場所」「リラックスしている自分」の紹介ができなかった。何も思い浮かばなかったのだ。私は今まで、いろいろな場でグループを引っ張っていく役割を務めてきたが、息抜きをするのが下手だということは自覚していた。しかし、サイコドラマの中でこの事態に直面した時、私は愕然とした。他のメンバーが、美しい花や風景、季節の食べ物について楽しそうに語るのを聞くうちに、自分がいかに日常生活をいい加減に、粗末にして生きてきたかに気づかされた。それからは次にサイコドラマグループに参加する時のことを考え、日常生活で触れたもの目にしたものを大事に味わうようになっていった。また、ディレクターコースや研究会で、グループの中で成長し合うという経験を積んだことも得難い体験だった。自己開示に至らずとも仲間の抱える問題をドラマという形で目の当たりにし、補助自我を演じる中で、自分と共通の問題を見い出したり、自分自身を顧みることができた。

そしてそういう増野式サイコドラマを楽しみにしている人たちが地域にいるということも知った。地域活動支援センターのプログラムとしてサイコドラマが行われていること、中には利用者自身がディレクターを始めていることも知った。「増野先生が来てくれるだけでいい」そう言ってくれる職員や利用者の方もいる。娘の私にはわからないが、増野肇の醸し出す雰囲気、安心感など当人独特のものがあるのだろう。しかし、サイコドラマを楽しみにしている人たちやディレクターを始めた人たち、またその後に続く人たちが、父がいなくなってもこの「増野式サイコドラマ」を活用できるようになってほしいと思うようになっていった。「増野肇でなければできない『増野マジック』」ではなく、一人でも多くの人が、増野式サイコドラマのエッセンスを取り出して自分で使えるようになり、その人なりに「安心」を贈れるようになる。そのための手がかりになる本を父と一緒に残したい。そういう目的に沿って、多少は意味のある本を出せたのではないかと、出版に漕ぎつけられた今、ほっとしている。

この本の作成にあたり、たくさんの方々にご協力をいただいた。「何処に行けばサイコドラマができますか?」という問いに答えて、日本でサイコドラマをやっている団体や病院、施設等の一覧表を作ろうと思って、いくつかの団体にご連絡させていただいたものの、サイコドラマはさまざまな場所で行われていて一覧を作成することは難しいと断念し、代表的な団体を紹介するにとどめることにした。この本を読んで興味を持った方がインターネット等で検索して参加しやすい場を見つけてほしい。『集団精神療法の基礎用語』（金剛出版）の巻末に、集団精神療法に関係のある団体の連絡先一覧が掲載されているので、それも参考になるだろう。また、本書の出版に際し、石川淳子さんをはじめ、たくさんの方々にご協力をいただき、大変感謝している。第一稿、第二稿の意見聴取会にご参加くださった皆さんのお名前をスペシャルサンクスとしてご紹介することで感謝の気持ちを表したい。またそのほか、アンケートへの協力や事例の掲載に快諾くださった皆さん、父のサイコドラマにかかわったすべての皆さんに、金剛出版の担当編集者の中村奈々さんに、そしてなにより、粘り強い忍耐力で本書の完成に尽力してくれた妹に感謝したい。

この本を手にした人が、サイコドラマを楽しみ、人生を豊かにしていかれることを願ってやまない。

追記

原稿を書くに当たって一番苦労したことは、増野式サイコドラマについて多くの人に聞き取りをしても「共通の答えが返ってこない」ということだった。しかし、それは仕方のないことだった。それはまるで、「群盲象を評す」のごとくだった。なぜなら、父のやってきたサイコドラマは日々変化しているからだ。出会った人や状況に合わせて使いやすいように改良しながら発展してきたので、いつ、どこで父のサイコドラマを経験したかによって、大きく認識が異なっているのだ。かなりの長い年月、父のサイコドラマを学び、実践している人でさえ、隣のグループで父がまったく違うことをしていることを割と知らない。

その上、父はその自分の行ってきたサイコドラマの変遷を体系的にまとめ、記録し、伝えるという作業をしてこなかった。しかし、それはある意味仕方がないことでもある。父は医学や学問の発展のためではなく、その時その時出会った目の前の人のために、目の前の人の幸せのためにサイコドラマをしていたからだ（こう書くと聞こえはいいが、「第一人者はやり散らかして、次の人たちがそれを形にしていけばいい」と父は思っている節がある）。

この状況で、サイコドラマの勉強をしたことのない私たち姉妹が執筆を手伝うのは、（殊に本の構成、執筆、修正の大部分を担当した妹には）本当に骨の折れる作業だった。三十年近く父の遠征に同行してきた妹は、たくさんの場とさまざまなグループを少し離れたところから目撃していた。父が何を大事にしてきたか、どんなことに夢中になったか、どんな失敗をしたかなどを知っている。だから彼女は、父が適切な言葉で叙述できていないことに対しても、父の言いたいことを言葉にできたと思う。また、サイコドラマの中に入らずに、素人として外から見てきたために、疑問や矛盾を感じることができたと思う。この本の制作に当たって、納得できる答えにたどり着くまで議論を繰り返したことで、新たな発見や、さまざまな矛盾点や問題点、これから取り組むべき課題が浮き彫りになったように思う。

だから、もしこの本の内容が、皆さんの知っている増野式サイコドラマと違っていても、それはそれで受け容れていただきたい。そして、「何が本当か？」ということより、この増野肇父子が出した一つの答えを基に、それぞれの道を模索してほしいと思う。なぜなら、それこそが増野式だと思うからだ。

サイコドラマに関連する主な団体

日本心理劇学会　https://psychodrama.main.jp
日本臨床心理劇学会　https://nishigeki.jimdofree.com
東京サイコドラマ協会　https://www.tokyo-psychodrama.org
集団精神療法学会　https://jagp1983.com

スペシャルサンクス

石川淳子　河島京美　北山円　小林ひとみ　佐藤未希　柴田礼子
竹淵亜紀子　辻中洋子　増野真理子　都甲絢子　登坂すみえ　豊田英子
林當枝　蓑手奈穂美

■著者紹介

増野肇（ましの　はじめ）

1933 年　東京都生まれ
1955 年　国立千葉大学英米文学科卒業
1959 年　東京慈恵会医科大学卒業
1960 年　同大学付属病院精神神経学教室入局。
1963 年　初声荘病院（現福井記念病院）に勤務、臨床で心理劇を始める。
1974 年　慈恵会医科大学精神神経科非常勤講師。
1975 年　栃木県精神衛生センター所長。
1986 年　宇都宮大学教育学部教授。
1991 年　日本女子大学人間社会学部福祉学科教授。
2001 年　ルーテル学院大学文学部（現総合人間学部）教授。（2011 年退官）

日本心理劇学会初代理事長。ルーテル学院大学名誉教授。

主な著書に、『心理劇とその世界』『サイコドラマのすすめ方』（金剛出版）、『森田式カウンセリングの実際』『不思議の国のアリサ〜マッシー教授の精神保健講義』『森田療法と心の自然治癒力』（白揚社）、妻信子との共訳に、『神を演じ続けた男』（白揚社）、『精神療法としてのサイコドラマ』（金剛出版）がある。

増野由美子（ましの　ゆみこ）

1966 年　増野肇・信子の長女として、神奈川県横須賀市に生まれる
1985 年　栃木県立宇都宮女子高等学校卒業
1989 年　東京農業大学農学部農業拓殖学科卒業

大学卒業後、生協職員、青年団体専従、図書装備、医療・介護事務として働く。2017 年から Support self help laboratory（さぽせる labo）の増野式サイコドラマ講座や、各方面で増野肇のサイコドラマで助手を務める。2019 年に増野式サイコドラマ研究所を、2020 年に増野式サイコドラマ研究会を立ち上げたが、現在は研究所を閉め、研究会の運営からも退いている。

日本心理劇学会会員。日本民主主義文学会準会員

サイコドラマをはじめよう

人生を豊かにする増野式サイコドラマ

2024年3月 1日　印刷
2024年3月10日　発行

著　者　増野肇・増野由美子
発行者　立石　正信
発行所　株式会社金剛出版
〒112-0005　東京都文京区水道1-5-16
電話03-3815-6661　振替00120-6-34848

装丁　戸塚泰雄（nu）
装画　モノ・ホーミー
組版　古口正枝
印刷・製本　シナノ印刷

ISBN978-4-7724-2023-5　C3011